アクティブ・ラーニング実践集 日本史

及川俊浩　Oikawa Toshihiro
杉山比呂之　Sugiyama Hiroyuki
編

山川出版社

はじめに

　2022年より施行される学習指導要領の改訂の方向性については，すでにさまざまなところで目にしたり，耳にしたりしていることと思います。

　何ができるようになるか・何を学ぶか・**どのように学ぶか**，これらのキーワードをもとに少し考えてみましょう。

　何ができるようになるか，では，①知識・技能，②思考力・判断力・表現力等，③学びに向かう力・人間性等，の3点が掲げられており，2018年7月に出された高等学校学習指導要領解説地理歴史編の地理歴史科の目標(29ページより)にも示されています。

　何を学ぶか，では，従来の科目に変わり，歴史総合・日本史探究・世界史探究となります。特に歴史総合は「新しい歴史の科目」と考えている方もいるかと思います。日本史探究・世界史探究にしても単位数が4単位から3単位になることで，従来の日本史B・世界史Bの授業とは異なるアプローチが求められると感じます。

　本題の**どのように学ぶか**。ここで登場するキーワードが「主体的・対話的で深い学び」です。この視点に立った**授業改善**を行うことで，学校教育における質の高い学びを実現し，学習内容を深く理解し，資質・能力を身に付け，生涯にわたって**能動的**(アクティブ)に学び続けるようにすること，と示されています。

　生活の場としての社会が変化してきているなかで，従来の学習指導要領による教育では変化している社会に巣立っていく生徒の育成に対応していくことが難しくなってきていると思います。そこで教科的な中身だけではなく，その教え方(授業)も変えていくことを意図しているのではないでしょうか。何を変えるのか，どのように変えるのか，そもそも変える必要性があるのか。さまざまなご意見があるでしょうが，変えるべきです。

　ではどのように変えたらいいのか。悩んでいる先生方は全国にたく

さんいるように聞いています。したがって本書はこれから授業改善を行おうと考えている先生方，あるいはこれから教職を目指そうとする学生向けと考えております。もうすでに改善を進めてきている先生方には少々物足りないかもしれません。読む際には，以下の点に注意していただきたいと考えております。

①掲載されている授業の内容は，執筆者が勤務校において目の前の生徒との活動を通して行っているものです。
②したがってこの本を読む方々がその授業の内容をそのまま真似をして行った場合，うまくいかないことがほとんどであると思われます。
③そのため，本書をマニュアルとして利用することはお薦めしません。エッセンスを感じ取るなどしていただき，使えそうな部分を活かして授業の改善をはかる材料として利用されることをお薦めします。
④目の前の生徒のため，ご自分が担当される授業をより良くするための叩き台としてお使い下さい。

なお，姉妹本として『アクティブ・ラーニング実践集　世界史』も同時に刊行されていますので，両方お読みいただくとより改善のヒントが得られると思います。

編　者

アクティブ・ラーニング実践集　日本史

目次

はじめに

実践1　授業のあけぼの　歴史学習のイントロダクション　2

実践2　平城京の下級役人は，なぜ借金をする必要があったのか？　11

実践3　グループワークで御成敗式目を読み込む　18

実践4　室町時代の一流人をどのようにおもてなしするのか？　26

実践5　戦国時代はいつ終わったのか？　33

実践6　徳川綱吉の政治は人々をいたわり慈しむ政治であったのか？　40

実践7　近世の百姓一揆の「作法」とは？
　　　　　百姓一揆のイメージ転換を目指す　47

実践8　幕末・開港の影響　相互評価をつうじて学びを深める　56

実践9　風刺画の調理方法　第一次世界大戦　64

実践10　『ちびまる子ちゃん』の設定は何年頃か？
　　　　　ALで「近代家族」の理解を目指す　73

おわりに

アクティブ・ラーニングに関するおすすめの書籍　83

コラム

① 改めて考える評価　キーワードは都立&看護!?　9／② 歴史の授業において問いをどのように設定するか？　16／③ 歴史資料を活用した学習　24／④ "やってみなはれICT"　日本史の学習にICTを　31／⑤ 能楽を活用して文化史を学ぶ　38／⑥ 「学ぶ」を広げる　歴史のフィールドワーク　45／⑦ おすすめの教育手法　54／⑧ "場"をどうやってつくるのか？　教員は場づくリスト!?　62／⑨ 「グローバル・ヒストリー」を理解するためのブックガイド　71

※本書では『詳説日本史　改訂版』(〈日 B309〉山川出版社，2016年文部科学省検定済，2018年発行)を『詳説日本史』と，『新日本史　改訂版』(〈日 B315〉山川出版社，2017年文部科学省検定済，2018年発行)を『新日本史』と表記した。

姉妹本　世界史編の構成

実践1　「ウルのスタンダード」を観察したら……
実践2　モンゴルから旅立つ遊牧民の世界
実践3　イスラームを知る　ブルカをかぶるの納得解は？
実践4　教科書の地図を用いた授業展開　ビザンツ帝国1000年の歴史
実践5　中世ヨーロッパの荘園に生きる人々
実践6　唐にはどのような宗教が流れてきたか？
実践7　教科書の史料を用いた授業展開　権利の章典からみえるイギリス
実践8　産業革命　MVSと相互評価
実践9　東アジアの激動　アヘン戦争
実践10　風刺画を用いた授業展開　中国分割から日露戦争について
実践11　パズルで学ぶ第一次世界大戦開戦までの流れ
　　　　　　二大陣営形成への動きについて

```
─ コラム ─
① 古地図の有用性／② 美術の対話型鑑賞から得られる史資料読み解きのためのティップス(Tips)／③ 「対話」と教員の専門職性／④ グループ発表の作法／⑤ 教科書のもととなった史料の読み取り／⑥ 「深い学び」を実現するための問い／⑦ 振り返りシート・評価の工夫について／⑧ 問いとそのタイミング／⑨ 生徒に問題を作成させる
```

アクティブ・ラーニング実践集 日本史

実践 **1**

授業のあけぼの
―歴史学習のイントロダクション―

杉山比呂之

■ 目標

　日本史を学ぶ視点では，「旧石器時代の自然環境の変化に着目し，具体的な遺物について理解したうえで他者に説明できる」ことを目標とし，なおかつ「北海道や南西諸島をはじめとした地域の多様性」を踏まえた視点を育むことも視野に入れる。

　日本史で学ぶ視点では，本時は初回の日本史授業であるため歴史学習全体のイントロダクションとしての位置づけとする。今後の授業展開とその理由，歴史を学ぶ意義，グラウンドルール（独自の授業ルール）の徹底や，協働学習の効果・振り返りシートの活用方法を生徒と教員が共有することにより，ともに授業をつくり出すというスタンスを理解させる。

■ 授業の流れ

　以下のように50分の授業をつうじたいわゆるアクティブ・ラーニング（AL）型授業であるが，とくに「導入」「協働」「対話」を本時では強調したい。

導入［8分］　日本の歴史を体感＆人類の進化を考える（実物資料を活用）
共有［2分］　本日のメインクエスチョン＆サブクエスチョンの共有
講義［5分］　紙芝居プレゼンテーション法（KP法）による解説
→更新世の日本／人類の進化／旧石器時代の日本／地域の多様性
協働［20分］　ワーク（個人・ペア・グループ）
※ワーク（A基礎レベル→内容理解〈知識・技能〉・B応用レベル→資料読解〈思考力・判断力・表現力〉・C発展レベル→相互理解〈主体性・多様性・協働性〉）
　A：歴史用語の確認（一問一答＆時代区分の確認）
　B：資料からのアプローチ（関東地方の現在の地図に約2万年前と約6000万年前の海岸線および遺跡を加筆したもの）
　C：論述問題（「本日の資料"岩宿の発見"を読んで，岩宿の発見が意味することを60字～80字以内でまとめなさい」）
対話［10分］　生徒と教員の問答　※ワーク（A）＆（B）→問答→ワーク（C）

内省［5分］　振り返りタイム（確認問題の答え合わせ＆対話型の振り返り）

1年間でもっとも大切な50分

「なぜこのような授業をしなくてはいけないんですか？」「ALといわれても何をすればいいのだろう……」。いわゆるAL型授業を実践するにあたって，教員が最初にぶつかる壁がこの二つの言葉に凝縮されている。

生徒からすれば，現在でもチョーク＆トークの一斉授業が一般的なため，AL型の授業の意義を理解させないまま授業をすすめていくと，「受験に対応できるのか？」「なぜグループワークをやるのか？」「振り返りをする意味があるのか？」といった声が聞こえてくるようになってしまう。また，教員にしても，ALを取り入れようとしても安易にやり方から入り，結果的に手段の目的化に陥る傾向がある。これらは筆者の経験に基づくものであり，幾度となく失敗を重ねてきた。それらの失敗から，AL型授業を実践するうえで，二つの大切なことにたどり着いた。

①生徒と教員がAL型授業を実践する意義を共有すること
②ALをうながす主たる目的はやり方（doing）を工夫することではなく，授業・教員のあり方（being）をみつめ直すこと

これら二つのことから，大切になるのが授業開きとなる初回の授業である。筆者は，現在ではこの初回の授業以前に，以下のような3時間のオリエンテーション授業を実施している。

> **オリエンテーション授業の内容**
> 1時間目：2020年度以降の大学入試の問題について・学習計画表配付・杉山の日本史オンデマンド紹介・KP法のルール共有・アイスブレイク自己紹介
> 2時間目：身体を動かすミニワーク・多様性を知るワーク・どんな授業＆グラウンドルールにしたい？
> 3時間目：コーチングのタイプ分け・チームビルディングのワーク・コンセンサスゲームでグラウンドルール決定

しかしながら，最初から3時間のオリエンテーション授業を行うことは，これからALをうながす授業を実践したい方にはハードルが高いということは重々承知している。筆者自身，ALをうながす授業を実践し始めた当初は，3時間のオリエンテーション授業は行っておらず，初回の授業にオリエンテーションの要素を取り入れて授業を展開していた。そこで，本実践では，どのように初回の授業である旧石器時代の単元にオリエンテーションの要素を取り入れ，

「1年間でもっとも大切な50分」を展開するのかを述べる。

日本史を学ぶ，日本史で学ぶ

「授業のあけぼの」である初回の授業で，筆者が徹底することが授業の軸，いわゆる授業のマインドセット(考え方の基本的な枠組み)を生徒と共有することである。もちろん，1コマの授業で徹底はできないが，それでも初回の授業が鍵をにぎっている。まず，「導入」「共有」「講義」「協働」「対話」「内省」という大別して6段階に分けて授業を展開する流れを共有する。そこで，導入の前に「なぜこのような授業をするのか？」という問いに対して筆者なりの回答として「日本史を学ぶ，日本史で学ぶ」という二つの軸で授業を展開するため，ということを生徒に伝える。つまり「日本史を学ぶ」という軸のみであれば，伝統的な一斉授業を1年間継続してもよいのかもしれない。しかし，「日本史で学ぶ」という軸があるからこそ，ワークや対話，振り返りタイムなどが設定されており，その設定された時間でコミュニケーション能力やPDCA(Plan・Do・Check・Act)サイクル，協働の姿勢などを日本史で学んでいくのだということを伝えている。それでは，「日本史を学ぶ，日本史で学ぶ」という二つの軸に沿って，筆者の6段階に分けた授業展開を解説していきたい。

導入[8分] 　日本の歴史を体感＆人類の進化を考える(実物資料を活用)

「日本史を学ぶ」を重視した段階である。もともと，一斉授業を展開していた筆者であったが，その頃から「導入」はとくに重視していた。興味を引きつけ，知的好奇心を養うために，実物資料を活用して興味・関心をもたせる工夫を心がける。本時では，歴史を主観的にとらえるという目的で，地球の誕生(約46億年前)を1年間とすると，日本の歴史(縄文時代からと設定)は約1分8秒となることから，その時間，目を閉じさせる。そして目を開けた生徒に北京原人の模型を示し，そこから人類の進化とは何かについての意見(頭のサイズ，歯の数，目の大きさが異なるなど)を引き出しつつ，「頭骨の変化・二足歩行・アフリカ単一起源説・渡来ルート」などを解説していく。目の前の生徒に，いかに本時を歴史学習全般に対して当事者意識をもてる授業として認識させるかが，初回の授業の「導入」の鍵である。

共有[2分] 　本日のメインクエスチョン＆サブクエスチョンの共有

この段階が，筆者の授業展開でもっとも大切な部分かつ授業準備においてもっとも悩む部分である。いわゆるALをうながすには「問い」だけでも十分である。一斉授業においても，「問い」を続けることにより生徒のALをうなが

している授業は多数存在する。筆者は本時においてメインクエスチョン(「あいざわただひろ」とは一体何者か?)で「日本史を学ぶ」視点,サブクエスチョン(旧石器時代の娯楽は何だと思う?)で「日本史で学ぶ」視点の「問い」を生徒に投げかけ,振り返りタイムでどちらか一方を回答させる設計としている。この「問い」づくりでは,少しでも目の前の生徒の切実さに沿って,なおかつ生徒の学びをうながすような「問い」にするように心がけている。また,ゆくゆくは教員側が「問い」を提示するだけではなく,生徒自身が新たな「問い」を生み出せるようにしていくことが大切だと考えている。

講義[5分] KP法による解説

　KP法を筆者が活用する理由は二つある。ひとつは,時間短縮という面である。KP法により確実にレクチャーの時間は短縮され,生徒に定着させたいことを凝縮して伝えることができるようになり,ワークなどの時間を十分確保できるようになった。もうひとつは,筆者の授業では生徒自身にKP法を活用した前時の復習のプレゼンをさせるため,その参考としてもKP法を活用している。また,KP法は思考が整理され,なおかつプレゼンスキルを養う意味でも優れているため,KP法による講義動画を作成し生徒の予習・復習をうながすツールとして利用している。

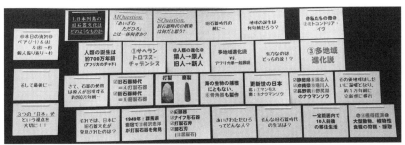

KP法によるレクチャー(板書)

協働[20分] ワーク(個人・ペア・グループ)

　「日本史を学ぶ,日本史で学ぶ」の両方の視点で,「共有(問い)」の次に悩む段階である。まず,目の前の生徒のレベルや状況に応じて,どのようなコンテンツ(本時では時代区分の並びかえおよび地図問題を提示,その他の単元では大学入試問題や史料読解,英文の和訳問題など)のワークを選択するか,またその単元に応じて生徒たちに,よりALをうながせるようなワークへの取り組み方法を決定する。基本的には,A基礎レベル・B応用レベル・C発展レベル

の3段階に分け，ワークの取り組み方法も個人・ペア・グループとしている。その際のグラウンドルールは「1チーム二人以上　※教え合い・質問を積極的に！　※ときには一人でもOK！」である。これはあくまで目の前の生徒によって変化するが，筆者自身の目の前の生徒(付属高校で受験をあまり意識することがなく，おだやかな生徒たち)と向き合った場合，こちら側からある程度チーム編成を指示するが，強制はしていない。しかし，これは目の前の生徒によって変わるものである。教員がチームを決めたほうがよい場合もあれば，自由にチームを編成させることがよい場合もあるし，同じ単元であっても担当クラスの雰囲気によって変化するものである。そこでワークの際は，グラウンドルールを徹底することと，教員がそれまで以上にファシリテーター(会議や学習，議論などの促進者)として場を把握し，目の前の生徒を主語としたワークへの取り組み方法を共有する必要がある。

対話[10分]　生徒と教員の問答

「日本史を学ぶ，日本史で学ぶ」のまさにクライマックスの段階ととらえている。実は，筆者はこの時間が授業中でもっとも楽しみであり，その反面もっとも緊張している。以前は，ワークの答え合わせは生徒に板書させたり，教員自身が解説をしつつ解答を提示していた。しかし，そのやり方では他の生徒や教員の解答を書き写すだけのフリーライダーが生まれたり，生徒個々の学びを十分把握できず，納得のいくものではなかった。しかし，授業改善のために先進校視察を重ねるなかで，2016年に福井県立若狭高等学校の渡邉久暢教諭の国語の授業を見学した際，はじめて授業で鳥肌が立つ経験をした。教科は異なれ，教員が設定したワークに生徒は黙々と取り組み，そのワークを終えると教員と生徒との緊張感あふれる対話が始まる。その様子を見学してから，筆者もワーク後，個人もしくはペアで生徒と対話(教員によるワークの確認を経たうえで，生徒からの質問に答えたり，逆に教員から質問したりアドバイスを行う)をするようになった。そうすることにより，生徒個々の学びを把握できると同時に，生徒一人ひとりの状況把握も可能となり，生徒指導にも役立っている。ただ，この対話の際，生徒はこれまで以上に教員に対していい意味で困らせるような質問や疑問(本時では「関東ローム層のロームって何ですか？」「化石人骨の発掘はどのように行われているのですか？」など)を投げかけてくるようになった。「対話」という段階を取り入れるようになってから，改めて専門性の重要さが身に染みることとなったのである。

内省［5分］ 振り返りタイム（確認問題の答え合わせ＆対話型の振り返り）
　「導入」〜「対話」を終えて，本時の学びを生徒と教員で共有する時間である。以前は，振り返りシートを回収して，全員にコメントをつけて返却をして

≪⑥【内省】振り返りタイム：杉山の日本史振り返りシート≫

《確認テスト》　　　　"場を創り、場に価値を"

A：以下の（Ⅰ）〜（Ⅲ）の文において、正しいものには○・誤っているものには×を付けなさい。
（Ⅰ）人類は化石人類の研究により、猿人・原人・旧人・新人の順に出現した。
（Ⅱ）人類がまだ金属を知らなかった石器時代は、主として更新世にあたる。
（Ⅲ）旧石器時代の生活をともにする集団は、100人前後の大規模なものであったらしい。
B：日本列島で発見された更新世の化石人骨は新人段階のものであるが、沖縄県で発見された化石人骨を何と呼ぶか。

解答欄	A(Ⅰ)	A(Ⅱ)	A(Ⅲ)	B

《MQ or SQ に挑戦！》　　　Sgitter (@h_sgym1982)

◎ メイン・クエスチョン or サブ・クエスチョンに自分なりの"答え"を出してみよう！

　　Main Question　　「あいざわただひろ」とは一体何者か？
　　Sub Question　　旧石器時代の娯楽は何だと思う？
　（M or S）

　　　　　　　　　　Retweet　　　　★ Favorite

《学習活動全体の振り返り＆次に向けて》

◎ 5つの観点から振り返り、レーダーチャートにまとめよう！

M：motivation→モチベーションマネジメントはできましたか？
I：idea→知的好奇心を持ってアイディアを生むことはできましたか？
S：social skill→社会的スキル（コミュ力）を身につけられましたか？
O：ownership→当事者意識を持った自立した学習者でいられましたか？
T：total→本日は総合的に日本史力を高めることができましたか？

◆ 本日学んだことを、他の人に説明できるように"質より量"でまとめてみよう！⇒ペアでアウトプット！

　　　　　　　　　　3年　　組　　番　氏名：

振り返りシート

いた。しかし，毎週200人程度の生徒の振り返りシートを2～3回チェックするのには無理があった。そこで，「対話」の発想から，振り返りシートに記入させたうえで，それに対して個別に振り返りの対話をすることとした。とくに「対話」を設計するうえでは，短時間の対話で最大限の効果をあげる必要がある。そこで，生徒の一挙手一投足から多くの情報を得て適切な質問やアドバイスをするためにコーチングやNLP（神経言語プログラミング）などを学ぶことは有益である。ただし，「内省」の時間内で終わらないこともあり，休み時間を活用しても全員と対話することは徹底している。

ALのあけぼの

さて，ここまで読んでいただき，「では，どうすればいいの？」と思われた読者の方が少なくないと考える。まずは「導入」～「内省」の6段階のどれかひとつでも取り入れるだけで「ALのあけぼの」となるはずである。「実物資料／問い／KP法／グループワーク／問答／振り返り」など，どれかひとつでも取り入れて実践をしていただければ，必ず新たな学びが生まれ，生徒のALがうながされる機会が増える。しかし，そこで大切になるのが「なぜ授業で○○をやるのか？」という生徒からの問いに答えられる軸（マインドセット）を教員自身が確立をして，自信をもって答えることである。それをおこたってしまうと，自己満足の一斉授業となんら変わらない自己満足の形骸化したAL型授業となってしまうだろう。

「なぜ授業で○○をやるのか？」という軸（マインドセット）を，目の前の生徒と教員が共有して，最初の一歩を踏み出してみませんか？

【参考文献】
小林昭文『アクティブラーニング入門』産業能率大学出版部，2015年
山田朗『歴史教育と歴史研究をつなぐ』岩波書店，2007年

コラム①
改めて考える評価
― キーワードは都立&看護!? ―

杉山比呂之

「評価とは何か?」。授業改善をしていくうえで,重要な問いである。学校現場における評価とは,目の前の生徒のために教師が行うものである。筆者は現勤務校において,以下のような評価を実施している。これを一例として,評価とは何かを改めて考えたい。

> **筆者の勤務校での評価**(高校3年生内部進学クラス2学期)
> ※学習計画表によるルーブリックの共有
> ①定期試験:マークシート・記述・論述(50%)
> ②小テスト:一問一答形式で2回(20%)
> ③課題:パワーポイントによる博物館ガイド(10%)
> ④パフォーマンス評価:授業内プレゼンテーション,振り返りシート(ポートフォリオとして保管させる),副教材(『学ぶキミを引き出す日本史 原始・古代~近世』〈ラーンズ,2017年〉)の提出(20%)

この数年,授業改善を進めていくなかで,改めて評価規準(評価の種類)と評価基準(評価の目盛り)を設定し,生徒と共有をしたうえで授業を展開している。そこで,絶対評価のための判断基準表であるルーブリックを作成し生徒に提示している。その際,おおいに参考にしたのが学習指導要領解説は当然のことながら,「都立高校学力スタンダード(平成26年度版)」である。これにより,勤務校の実態に即しつつ,公教育(都立)の現状も踏まえたルーブリックが誕生した。そして,単元ごとのルーブリック並びに授業計画を掲載した「学習計画表」を毎学期初回の授業で配付して,評価の"みえる化"をしている。その評価を設定する際には,日本史における「関心・意欲・態度」「思考・判断・表現」「技能」「知識・理解」という観点を踏まえつつ,ジェネリックスキル(社会で求められる汎用的な能力・態度・志向)や社会人基礎力の育成といった観点も盛り込んだ。そのような日本史を学ぶ以外の側面での評価観点作成に関して参考にしたのが「看護教育」の分野である。とくにパフォーマンス評価やカリキュラム設計などには学校教育の現場にも生かせる事例が存在し,看護という視点からの評価設計も推し進めていった。ただし,看護教育と学校教育は通ずる点とそうではない点があることに留意しながら,あくまで学校教育であること,そしてやはり目の前の生徒に即することを大切に,評価をしている。それでは,

　各項目の具体的な評価についてまとめておきたい。

①**定期試験**　定期試験では，いわゆる一問一答形式などの知識を問う問題よりも，文章選択や記述式または論述式の問題を中心としている。とくに現代の生徒には読解力の向上を図るため，それらを踏まえた定期試験の作成を心がけている。たとえば，次のような問題である。

　　例：以前の出題問題→1853年，ペリーは【　　】に来航した。
　　　　　　　　　　　　【　】に当てはまる語句を答えなさい。
　　　　最近の出題問題→1853年，ペリーが浦賀に来航した目的は何か。

②**小テスト**　歴史学習において，知識習得（インプット）は必須である。そこで，生徒の自学自習の習慣の定着もねらいつつ，学期に2回程度，一問一答形式の小テストを実施している。

③**課題**　夏季休暇を利用した課題を提示している。以前は，手書きもしくはワードによるレポート（テーマは年度によって変更）であったが，他教科とのバランスや目の前の生徒の状況を鑑みて，また授業内でのプレゼンテーションへつなげたいというねらいから，実地調査をしたうえでのパワーポイントによる博物館ガイドの作成を課している。

④**パフォーマンス評価**　以前は平常点という名目で，良くも悪くも教員の主観が入りやすい観点で評価していた。しかし，パフォーマンス評価として，生徒一人ひとりの教育活動を細部まで「看取る」ために，授業内プレゼンテーションによる他者評価，振り返りシートによる自己評価，副教材の生徒並びに教員の相互評価という3点で評価することにより，客観性が担保され，なおかつ説明責任も果たせるようになった。とくに評価の「みえる化」により，生徒がこれまで以上に納得をしてその評価を受け入れているようである。

　目の前の生徒にとっての「評価とは何か？」ということを念頭に置きつつ，教員は「日本史の授業において生徒の○○を育成したい」，そして生徒は「日本史の授業において○○を身に付けたい」という○○の部分を共有したうえで評価を行っていきたい。

実践 2

平城京の下級役人は，なぜ借金をする必要があったのか？

宮﨑亮太

目標

　権力者によって定められた法や制度の内容が，そのまま当時の社会の実態であったと生徒がとらえてしまうことがある。律令体制にしても同様である。また，律令体制の仕組みや律令体制下における民衆支配をあつかう単元では，多くの歴史用語が教科書に登場するため，授業展開も知識の羅列ということになりかねない。

　そこで本実践では，木簡や文書などをとおしてみえてくる平城京の役人の姿から身近な話題に引きつけて，どのように律令が運用され，どのような人々の暮らしがあったのかを生徒とともに考えるきっかけにしたい。

授業の流れ

　①〜⑤を約50分で展開することを想定している。また，次の時間には⑥を行うことを想定している。

①テーマ「律令国家の中心，平城京」と本日の問い「平城京の下級役人は，なぜ借金をする必要があったのか？」の共有。

②奈良時代がどのような時代であったか。また，平城京がどのような都であったかについて簡単に説明する。

③ワークシートに沿って，各設問に取り組む。まず各自で思考してから，ペアで意見交流し，いくつかのペアに発言させてクラス全体で共有する，という順番で展開する。

④すべてのワークが完了した後に，教科書に設定されている「歴史と資料」について触れつつ，正倉院文書や木簡から役人の勤務の実態や暮らし向きについて考察できることなど，補足説明をする。

⑤個人で振り返りを行い，自己評価シートに記入して教員に提出させる。

⑥律令体制の仕組みや平城京の様子などについて説明する授業を展開する。その際，ワークと関連づけながら，生徒たちに律令体制について少しでも具体的なイメージをもたせることを目指す。

授業展開のポイント

ワークを行う際の目線合わせ

　本実践は，奈良時代の律令体制について学習する段階の入り口として実施することを想定している。

　奈良時代の社会について小・中学校で学習したことをふまえて，発問によって知識理解の確認をおこなう。生徒を複数指名するか，ペアで意見交流し，全体で共有するなどの方法を用いて確認を行う。そうすると「租・調・庸などの税があった」「税の取り立てがきびしく民衆の生活が苦しかった」「大仏や国分寺が建てられた」などの発言が出てくると思われる。生徒たちが奈良時代の社会について，どのようなことを知っており，どのようなイメージをもっているかを確認することが重要である。

　教員は小・中学校での学習内容を生徒たちが理解していると考えがちである。しかし，実際には忘れていたり誤って認識したりしている場合がよくある。とくに概念的な知識が多い単元では，生徒たちの基本的な知識の把握を教員が行わずに本実践のようなワークに取り組むと，消化不良のまま進行していく恐れがある。

　基本的なことではあるが，生徒の主体的な活動がワークの成否をにぎっている。教員が教材準備の段階から熱心に準備しても，生徒の学習意欲が低いとうまくいかない。そのようなことを避けるために事前の目線合わせにより，ワークの内容を補足したり発問をかえたり，知識習得が済んだ後にワークを行うなどの判断も必要である。

ワークを行う際の説明の工夫

　本実践のワークでは冒頭に律令体制の成立の経緯を含めて，奈良時代がどのような時代であったか。また，平城京がどのような都であったのかなどについて簡単に説明する。

　他の単元でもそうであるが，説明が長すぎるとワークの時間が短くなったり，授業全体が間延びしたり，生徒のワークへの参加態度に影響が出たりする。そのため，あらかじめスライドを用意して紙芝居プレゼンテーション法（KP法）などを活用してポイントを絞り，10〜15分程度で説明することをおすすめする。また，説明後に2分程度の時間をとり，ペアで説明内容の確認を行ったり，教員から3〜4択の問題を数題出題して，生徒たちが答えたりするような形式で知識理解を確認することで，説明が一方的にならず，ある程度の緊張感をもっ

て説明をきくように習慣づけられていく。

ワークシートの内容

簡単な説明の後，ワークシートを配布し，ワークの目的と内容について説明をする。なお，ワークシートの〈(1)借金というが，そもそもお金が発行されていたのだろうか。また，お金が使える場所が平城京にはあったのだろうか。〉という問いについてであるが，ねらいとしては和同開珎が発行されたことは知っている生徒が多いため，授業への参加意識の向上につなげることと，西市・東市についての説明に結びつけることである。「どのような物が売られていたのか」「どこから持ち込まれた物だろうか」などと話題を少し広げてみると，平城京の人々の生活実態に近づくことができ，生徒たちが親近感をもつことにつながる。

高2日本史Bワークシート
問い：平城京の下級役人は，なぜ借金をする必要があったのか。

　奈良時代，平城京には多くの役人が住んでいました。正倉院に残されている正倉院文書によれば，写経所という経典を書き写す役人の中には，借金をして困っていることや給料の前借りを申し出ていること。また，「仕事着が汚いので，取り替えて欲しい」「1か月に5日の休みが欲しい」といったような写経所の待遇改善願いの下書きなども残されています。平城京の下級役人はなぜ借金をする必要があったのでしょうか。

（1）借金というが，そもそもお金が発行されていたのだろうか。また，お金を使える場所が平城京にはあったのだろうか。
　　＜あなたの意見＞

　　＜他者の意見＞

　　＜補足＞

（2）そもそも役人の給料は何で支払われていたのだろう。
　　＜あなたの意見＞

　　＜他者の意見＞

　　＜補足＞

（3）平城京の下級役人のなかには借金をする人がいたようですが，なぜでしょう。
　　＜あなたの考え＞

　　＜他者の意見＞

　　＜補足＞

ワークシート

次の〈(2)そもそも役人の給料は何で支払われていたのだろう。〉という問いについては，生徒からは「米で支払われていた」「お金で支払われていた」などの意見があがると思われる。答えは一つではなく，複数の史料を用いて説明し，あわせて公民の税負担についても説明する。

そして，〈(3)平城京の下級役人のなかには借金をする人がいたようですが，なぜでしょう。〉という問いについては，生徒からは「生活が苦しかったから」「遊びで使ってしまったから」「給料が低かったから」などの答えが出てくる。こうして生徒たちから出てきた意見を取り上げて広げてみることも大切である。「役人の給料ってどのくらいあったのだろう」「そもそも，どんな役人がいたのだろう」「上級役人と下級役人ではどのくらい格差があったのだろう」などの質問であれば，教科書や資料集にある多くの資料を活用して説明することができる。

最後に，「平城京の下級役人は，なぜ借金をする必要があったのか？」という問いを改めて生徒たちに提示し，まとめに入る。

ワークを行った後のフォロー

すべてのワークが終わった後に，ワークの教材のもととなった正倉院文書にある写経所の役人の借銭について記された史料（下の写真）について説明を行う。あわせて，平城京から出土する木簡や土器などからも役人の勤務実態や暮らし向きがわかることを説明する。

一方で，今回のワークで用いた正倉院文書については，異なる解釈があることなどをあわせて説明する。これは，一つの歴史資料のみによって史実に接近することができるのではなく，複数の史料を用いて歴史の叙述はなされ，文献によって史料の解釈は異なることなどをおさえておく必要があるためである。最後に振り返りを行って終了となる。

次の時間には本実践で

奈良時代の借用証書「月借銭解」（宮内庁正倉院事務所）　借金額や月の利息，返却期限をすぎれば質を売却することなどが記されている。

行ったワークについて，簡単に振り返り，教科書や資料集をもとに，平城京と奈良時代の社会について手短かに説明しておく。現実的には，受験や定期考査の成績などを強く意識する生徒から，教科書や資料集のどの知識を学んだのか，どの位置づけなのかということを気にする声が聞かれるためである。

アクティブ・ラーニング(AL)型授業を意識した展開において，オープンエンドのワークなども含めてさまざまな授業手法に挑戦することを考えた場合，ワークの内容から独力で知識を整理することができる生徒もいるが，そうでない生徒もいる。最後に知識のインプットを行うことで次回以降も生徒が安心してワークに取り組めるという効果はあると思われる。

■評価について

授業への参加態度については，ワークシートの内容によって評価項目はかえるが，以下のような内容のプリントを配り自己評価をさせている。また，ワークシートを授業終了時に提出させて，自分の意見が書けているか，他者の意見が書けていて，考察を深めたかなど，質と量をみながら教員が3段階(S・A・B)で評価をつける。なお，評価については基準を事前に生徒たちに説明するようにしている。

> 〈評価チェック〉○・△・×を記入しよう。
> (　)ペアワーク・グループワークでは協力することができた。
> (　)ペアワーク・グループワークで他者を否定せず，意見をしっかりきく(受け入れる)ことができた。
> (　)自分がフリーライダーにならず主体的に参加することができ，自分の意見を表明することができた。
> (　)ワークシートは質・量ともに十分書くことができた。
> (　)無理せず，楽しんで参加することができた。
> (　)資料をじっくり見て思考し，多くの気づきを得ることができた。

自己評価チェック項目(杉山比呂之氏・皆川雅樹氏のワークシートを参考に作成)

【参考文献】
鬼頭清明『木簡の社会史　天平人の日常生活』講談社学術文庫，2004年
栄原永遠男「月借銭解に関する基礎的考察」(『正倉院紀要』第40号，2018年)
馬場基『平城京に暮らす　天平びとの泣き笑い』吉川弘文館，2010年
丸山裕美子『正倉院文書の世界　よみがえる天平の時代』中公新書，2010年

コラム ②
歴史の授業において問いをどのように設定するか？

渡辺裕一

　歴史の授業では，どのような問いを設定すればよいのだろうか。ここでは原田智仁氏による，社会科における問いの分類[1]を参考にして整理してみたい。

> ① When？ Where？ Who？ What？　と問うもの…「事実的知識」(年号・場所・人・制度など)を導く問い
> ② Why？　と問うもの…「説明的知識」(原因や背景など)を導く問い
> ③ How？　と問うもの…「記述的知識」(事実的知識を総合・概括したもの)を導く問い
> 　(例)・高度成長期とはどのような時代か？
> 　　　・高度成長期に人々の生活はどのように変化したか？
> 　　　・日本と中国の高度成長期は，どのような違いがあるか？
> ④ What should we (I) do？ Which？　と問うもの…「価値的知識」(価値判断や意思決定)を導く問い

　①の問いは，歴史認識の本質に迫るような問いになる場合もあるが，概してクイズ的な問いであり，生徒の深い思考をともなわないことが多い。

　一般的に「歴史的思考」と呼ばれるもの(原因と結果，類似と差異，変化や推移など)は，②や③の問いから導かれる。そのため，われわれ社会科教員は，②や③の問いを設定して授業に臨んでいる。ここで，この問いを設定する際の工夫を一つだけ紹介しておきたい。吉川幸男氏は，社会科において問いを設定する場合，「なぜ」「どのように」など，「とかく疑問詞ばかりが問題にされがちであるが，問題なのは疑問詞ではなく，文型である。」「『なぜ』であれ『どのように』であれ，単文型の問いと複文型の問いが成立し得る」のに，単文型の問いしか考えられていないとして，以下のような「複文型」の問いを提案している[2]。

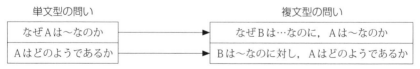

　最後に④の問いについて。社会科の授業では，たとえば「原子力発電をどうするか？」という問いのように，価値判断をせまる問いを設定することも多い。また，話し合いなどを通じて，生徒が自分と異なる考えや価値観に触れること

のできるアクティブ・ラーニング(AL)型授業においては，こうした問いこそ有益だと思われる。では，歴史(「もし〜だったら」という思考を行わない)の授業において，④の問い(「What should he (she) have done ?」や「Which should he (she) have done ?」)を設定する際には，どのような点を注意する必要があるだろうか。

これについては，今から30年以上前に発表された，もっとも有名な社会科授業実践の一つである「スパルタクスの反乱」と，その授業をめぐる論争が参考になる。この授業は，中学校教師(当時)の安井俊夫氏が，古代ローマの奴隷について教材化したものである。安井氏は，生徒に「反乱軍は，ローマ進軍か，アルプスを越えて故郷に帰るか，どうしたらよいか」と問いかけている。そして，奴隷制の苦しみを理解した生徒が，「ローマを攻撃すべき」と考えたことを評価した[3]。これに対して歴史学者の土井正興氏は，奴隷に対して生徒が共感していることを評価しながらも，「その『共感』を『科学的社会認識』にまで高めるためには……それこそ『時代の構造なり枠組み』のなかで充分に理解させることこそ必要」と批判した。そして，実際に反乱軍はアルプスを越えて故郷に帰ったのであるから，「たとえ，子どもたちがローマ進軍こそが奴隷を解放する道すじだと主張したとしても，それにたいして，なぜ，奴隷軍はローマ進軍を目指さなかったのかという発問が当然なされなければならないのではないだろうか」と疑問を呈している[4]。もっとも，安井氏の発問のねらいの一つは，②や③の問いではなく，④の問いを設定することにより，「正答主義」(たとえば，歴史的事象の原因を考える「問い」も，教員が用意している「答え」に生徒を誘導しているだけ)を克服し，生徒による「歴史像の自己形成力を育てること[5]」にあった。

問いをいかに設定するか。この問いこそがもっとも難しい問いである。

注

1 原田智仁『中学校 新学習指導要領 社会の授業づくり』明治図書出版，2018年
2 吉川幸男『「差異の思考」で変わる社会科の授業』明治図書出版，2002年
3 安井俊夫「歴史学と歴史教育のあいだ6 スパルタクスの反乱をめぐる歴史教育と歴史学 上」(『歴史学研究』564号，1987年)
4 土井正興「歴史学と歴史教育のあいだ1 『歴史研究と歴史教育』について」(『歴史学研究』555号，1986年)
5 本多公栄『歴史教育 社会科歴史への期待』青木書店，1990年

実践 **3**

グループワークで
御成敗式目を読み込む

小坂至道

■ 目標

　「御成敗式目の制定趣旨(北条泰時書状)」と「御成敗式目」という史料の吟味をつうじて，朝廷と幕府の関係がどのようなものであったか，また，女性の権利や年紀法など当時の社会的慣習がどうであったか，これらの理解をうながすのが本時の目標である。

　史料の読み取りについては，「史料は難しい」と敬遠しがちな生徒がグループのメンバーの助けを借りることで参加しやすくなるように工夫する。また，朝廷と幕府の関係を理解する部分については，他者に伝えることを意識して文章化させることで，個人の思考を深めると同時に，グループ内での検討をつうじて適切な理解と表現に到達することを目標とする。

■ 授業の流れ

導入[5分]
- グループワーク(1班四〜六人程度)を行うので，座席をアイランド形式に配置させる。
- いくつかの質問を交えて，前時の授業内容を復習する。源氏の血統の途絶，承久の乱の勃発とその後の処理，執権政治の確立などについて，教員が紙芝居プレゼンテーション法(KP法)で確認する。

展開I[30分]
- 北条氏中心の合議制の安定をはかった北条泰時の政策について整理しつつ，御成敗式目の制定趣旨について考えさせる。
- 「式目制定の趣旨(北条泰時書状)」を班ごとに音読させる。
- ワークシートを用いて，グループで次の各項目について取り組ませる。①②の作業を経て，今回の中心課題として③に取り組ませる。

①式目制定の趣旨を読み取る。
②「京都の御沙汰」「律令のおきて」とは何かを確認する。
③なぜ，京都(公家)の法律・裁定に配慮しているのかを話し合い，考察する。

- 各班，③の解答を文章化して発表させる。
- 北条時頼の政策について整理し，後嵯峨院政のもとで朝幕関係が安定したことを理解させる。

展開Ⅱ[10分]
- 御成敗式目の内容について，教科書とワークシートを用いて，基本項目を整理させる。具体的な取り組み内容は次の通りとする。
① 式目の制定の基準，守護や地頭の職分，年紀法，女人養子などを読み取り，シートに書き出す。
② 式目からみられる鎌倉時代の社会(教科書記載の史料以外の条文も確認)について考える。
③ 式目の効力範囲の拡大や，後世の武家法への影響を確認する。

振り返り[5分]
- 授業についての振り返りシートを書いて提出。

授業実践上の要点

史料の音読(展開Ⅰ・Ⅱ)

　御成敗式目に限らず，史料を声に出して読ませるのはよくあることである。独特の言いまわしや大切な用語を耳に残し，言葉や文の区切りをわからせ，理解やその定着を図ることができるからである。

　しかしながら，生徒全体で一斉に読むと，クラスによってはなかなか声が出なかったり，当初は勢いよく読んでいたクラスも慣れるにしたがい決まった生徒しか声を出さなくなってきたりするものである。そこで，班内でたがいに読み合ったり，声をそろえて読んだりという取り組みをする。相手がいる・仲間がいること，埋没する(できる)ほどの人数でもないことから比較的声が出やすく，文の区切りの間違いや言葉の読み違いもたがいに指摘し合いながら楽しく読めることが多い。1分ほどでできる取り組みであるので，授業の冒頭でも途中でも，授業のアクセントとしても取り組ませやすい。史料が長い場合は，一区切りごとに班で読ませるなどして，正しい読み方を確認するのもよい。

　なお，こうした発声をともなう小グループのワークでも声を出さない(出せない)生徒はいるが，グループワークやペアワークを行うことでかえって，生徒個々の姿を把握しやすくなるともいえる。授業のなかで把握されたこのような生徒の姿を，教科担当と担任らで共有しつつ，対処を考えていくきっかけにできるだろう。

史料の読み取り

式目制定の趣旨（展開Ⅰ）

御成敗式目制定の趣旨については，北条泰時が六波羅探題であった弟の重時にあてた書簡に書かれている，次の要点を把握させたい。

① 「道理」に基づいて制定されていること。
② 身分の高下を問わず，公正に裁判を行うための基準であること。
③ （漢文の）教養のない武士たちにもわかるように，平易な文で書かれていること。
④ 幕府権限のおよぶ武家への適用であって，公家社会の律令・裁定などを否定するものではないこと。

筆者の授業では，取り扱っている内容が多いことと口語訳つきということで『日本史頻出史料165』[1]を利用している。なお，『詳説日本史』では，②の内容は史料の枠内ではなく，本文に書かれているので，注意が必要である。

ここでは，ワークシートを配布し，個人またはグループで取り組む。「どうり」「かなをしれる物の……」などの用語が何を指しているかなど，基本的な読み取り作業を進めていく。アイランド形式の座席にしておくと，個人で黙々と作業を進める者もいるが，自然と他の生徒と相談・確認しながら作業を進める者も出てくる。こうした生徒の動き方を観察しておくことが，生徒の個性の理解やグループ学習の改善方法の発見に役立つ。

ある程度作業終了の見通しがついた段階で，グループ内で答えを確認させる。空欄補充や短文記述などのワークシートの解答は，班の代表者に答えを述べさせるなどしてクラス全体でも共有するとよいだろう。

式目の内容（展開Ⅱ）

『詳説日本史』に載っている史料「御成敗式目」からは，次の内容が確認できる。

① 守護の職務・権限（大犯三箇条），② 地頭の年貢抑留の禁止，③ 所領についての年紀法，④ 女人養子のこと。

取り組み方としては，上記「式目制定の趣旨（展開Ⅰ）」と同様である。「右大将家（大将家）」「本所」「知行」といった用語の内容を確認するなど，基本的な読み取り作業を行う。さらに，①〜④の内容を深めたり広げたりするために，教科書にない下記の項目も紹介し，現代の感覚と比べて納得できるものやそうでないもの，今までもっていたイメージとの相違などを話し合わせる。

第7条…不易の法。源頼朝ら源氏三代の将軍や北条政子から認められた所領の権利を保障することが記されている。
第18・26条…悔い返し権。親の意向で所領相続を変更できる。また18条は女性への相続とその悔い返しが記されている。
第4・11・24条…女性の権利保障。罪人となった御家人の妻の財産保障、後家の所領相続について記されている。
第10・12・13条…喧嘩・悪口などの私闘のこと。傷害・殺害や報復の禁止、悪口の禁止などについて記されている。分国法で学ぶ喧嘩両成敗への布石としておきたい。

このなかではとくに、女性の権利が認められていることに留意させたい。一般に、生徒のなかには「昔は女性の権利はあまり認められていなかった」という理解が多いと思われる。そこで、ある時代には実際に女性に認められていたことを確認し、その権利が、いつごろ・どうして認められなくなっていくのかを考えるきっかけとしたい。

朝廷・幕府の関係の考察と文章化（展開Ⅰ）

北条泰時書状から内容を読み取った後、「なぜ泰時は、『御成敗式目によって京都の朝廷でのとりきめや律令の規定が少しでも改まるものではない』ということを書いているのか」と問う。その理由を考察し、文章化するのが今回の中心的な課題である。

この発問では、朝廷と幕府の関係を考え、武家政権としての幕府のあり方を理解させることがねらいである。北条泰時の時点での、①幕府と朝廷の関係はどのようなものであるか、そもそも、②幕府にとって朝廷とはどのような存在か、を考えさせたうえで文章化させる。

①幕府と朝廷の関係

生徒には、承久の乱の経過から考えて、「対立」「幕府が優位に立った」という発想をもつ者が多いと考えられる。しかしながら、それだけでは、式目が公家法や本所法に取って代わるものではないという趣旨を理解しづらい。泰時書状からは、むしろ京都・朝廷への「遠慮」「尊重」とでもいうべき姿勢がみられるからである。この点を指摘し、次の内容に踏み込んでいく。

②幕府にとって朝廷とはどのような存在か

教科書を読んで朝廷と幕府の関係について触れているところをくまなく探していくよう指示を出す。なお、生徒が教科書を普段からよく読み込む習慣がつ

いていない場合は，鎌倉幕府の成立から滅亡までなるべく教科書の幅広いページに目を通すようにうながす。

そうすると，もちろん承久の乱前後では，幕府との対決姿勢を強める後鳥羽上皇の話や，幕府が優位に立って皇位継承や朝廷の政治にも介入するという内容が出てくる。しかし，それ以外にも朝廷と幕府の二元支配についてふれている部分が複数箇所あり，共通・協調について述べている部分があることがわかる。たとえば，『詳説日本史』の「……朝廷と幕府とは支配者としての共通面をもっていた」「幕府は……一面では朝廷の支配や荘園・公領の維持を助けた」などと書かれている部分である。また，北条時頼のときに幕府の要請が後嵯峨院政に影響を与えたことや親王将軍が成立したこと，蒙古襲来時に朝廷が幕府に武力の発動を期待したことなどを総合すると，朝廷と幕府が必ずしも対立するものではなく，相互補完的な勢力であったとみることができる。

朝廷と幕府の関係について説明するべき材料がある程度でそろったところで，改めてなぜ式目は公家法や本所法を妨げないとしたのか，幕府にとって朝廷とはどのような存在であったのかを前提に文章にまとめる作業に入っていく。個人で文章化するのに3分，班で内容をまとめて修正するのに5～7分くらいが目安である。各班の発表は，A3用紙1～2枚にまとめさせるか，班活動用のホワイトボードがあればそれにまとめさせると便利である。各班の文章化したものを見比べさせつつ，自分たちの意見を修正したり補強させたりするとよい。また，どうしても修正したほうがよい表現や，生徒だけでは抜けてしまった視点があるならば，最後に教員がコメントし，修正・補強してやればよい。

■ 論述型問題の活用

アクティブ・ラーニング(AL)型授業でのグループワークというと，オープンエンドの問いに対してワイワイと生徒が話し合い，思考を活性化させるというイメージをもつ教員も多いかと思われる。しかし，歴史のように事実の積み重ねを土台として学習する科目で，毎回の授業で，オープンエンドになりそうな問いを立てる，ということはかなり難しいのではないだろうか。また，「もし～だったら，○○はありうるか」というような「If」の問いを持ち込むことに抵抗がある方も多いと思われる。そうしたなかで，歴史のALでは，論述(説明)問題のように，「答えはだいたい絞られているが，その解答にたどり着くまでにしっかり頭を使う問い」が使いやすいようである。それは，論述問題では問いに対する答えを文章化する段階で知識を整理・構造化し，他者を意識

しながら表現の適切さを追求する力が鍛えられるからであり、単元の復習のようにそれまでの学習内容を俯瞰する際に、理解を深める点でも有効であるからである。

　今回の実践例は、鎌倉時代の朝廷と幕府の関係はどのようなものかを考察し、文章化させる取り組みである。ここでは、「承久の乱で対立」→「幕府が優位に立つ」という部分的な理解にとどまらず、長期的な政治のあり方をみて「ときに対立することはあっても、武家政権が朝廷の権威に依拠しながら権力を行使し、朝廷と相互補完的に存在した」という理解へたどり着くように、丁寧に教科書を読み込むことを課した。この理解をもっていると、のちの室町幕府から徳川幕府にいたるまでの、武家政権と朝廷との政治的・文化的交渉のあり方を理解するうえで役立つと考えたからである。

　このような文章で説明するという取り組みについては、大学入学試験の論述問題が参考になる。過去問題集などを参照し、自分の授業のなかに取り込みやすい、自分の担当する生徒にとって取り組みやすい題材から実践されてはいかがであろうか。そして、教員も生徒も問いの投げかけと文章での解答に慣れていくなかで、オープンエンドで生徒の自由な思考をうながすような問いを求めるならば、首都圏模試センターが提示するような「思考コード」[2]などを手がかりとして、新たな問いの立て方を練習し、実践に移されてはいかがであろうか。

注

1　『日本史頻出史料165』は『詳説日本史図録』（山川出版社）の学校採用向け別冊付録である。
2　首都圏模試センター　「子供の学力の新観点『思考コード』を知っていますか？」
　https://www.syutoken-mosi.co.jp/column/entry/entry000668.php（最終閲覧日：2019年1月8日）

コラム ③

歴史資料を活用した学習

宮﨑亮太

　2018年に告示された新しい高等学校学習指導要領や2020年度から実施される大学入学共通テストに関連して，歴史資料を活用した歴史学習についてさまざまな議論が行われている。現行の学習指導要領でも，日本史Bの「歴史と資料」「歴史の解釈」「歴史の説明」「歴史の論述」において，歴史資料の種類や特性などを知り，活用して考察することや，資料に基づいて歴史が叙述されていることなど，歴史の解釈・説明・論述について学ぶことが求められている。また，さまざまな資料を収集し，どの資料が適切であるかを批判的に考察して，選択し，資料を活用することは「社会における各種の情報を的確にとらえてよりよい生活を営む上で必要な資質」とある。歴史資料を活用した学習は大学受験などの短期的な視点で要請されているのではない。生徒たちに社会を構成する一員として，どのような力を身につけさせたいかを踏まえて考えていく必要がある。

　教科書には多くの歴史資料が掲載されているが，入試頻出のポイントのみを解説したり，教科書の記述との関連で参照したりするといった使い方のみで終わらせている場合もあるのではないだろうか。生徒たちにはまず，なぜ教科書には多くの歴史資料が掲載されているのか，なぜ歴史学習には歴史資料が重要であるかを学ぶ仕掛けがあっても良いと思う。たとえば，体育祭や文化祭，校外学習などの行事について生徒各自が見聞きしたことを書かせて，そのうえで学年(学級)通信や学校HPに掲載しているような学校の公式な記録と比較させ，行事の全体像を把握できているか，不足している情報はどのようなものであるか，また，行事全体を把握するためには情報をどのように集める必要があるのかを考えさせるという方法がある。これは，一つの歴史資料から歴史事象をとらえるには限界があり，必ず複数の歴史資料を活用して，複眼的思考を促す必要性を訴える，つまり，史料批判をきっちり行いながら解釈によって歴史はつくられていくことを生徒たちに理解させる目的で導入できるワークではないかと考える。

　また，読みやすい歴史の論文を選び，筆者の主観的な記述と，何らかの資料的裏付けのある客観的な記述を線引きして分けるワークを行い，教科書につい

ても生徒たちに同様の作業をさせると，教科書には主観的な記述がないことに気が付くだろう。歴史資料の違いや同じ歴史資料でもとらえ方の違いによって記述が違ってくる場合もあり，具体的に取り上げて説明するのも良いかもしれない。たとえば，『新日本史』の第一次護憲運動の箇所には1913年の尾崎行雄の帝国議会での演説の一部が掲載されている。一方で，『詳説日本史』では桂太郎が第3次桂内閣初閣議において発言した内容の一部が掲載されている。こうした異なる二つの歴史資料を比較して，なぜ違う歴史資料が掲載されているのか，どのような意味があるのかを考えさせるのも面白い。

歴史資料は文字資料以外にも遺跡や遺物などの文化財，祭礼や方言などの無形の資料やそれを記録した媒体もある。遺跡や石器・土器といった遺物から，どのような情報を読み取ることができるのか，また，情報はどのように整理されて報告書などの記録になるのかという過程を学んだり，博物館や教育委員会の埋蔵文化財担当の方から直接話を聞いたりするという学習方法もある。

他には，高度経済成長の単元で，生徒たちに1970年の日本万国博覧会について家族にインタビューした資料と教科書や資料集などの記述を比較させることで，個人の記録やオーラルヒストリーが歴史を考察するための資料として，どのような可能性があるか学ぶことができるだろう。

近年は資料を活用する歴史学習の研究がさかんに行われ，実践例も多くある。たとえば，アメリカの歴史教育研究者サム・ワインバーグ氏の「Reading Like a Historian(歴史家のように読む)」は歴史家の研究方法を取り入れて資料を読解する学習方法である。また，解釈型歴史学習という方法もある。これは「歴史を解釈する権利を子どもにも保障する学習活動」(土屋武志『解釈型歴史学習のすすめ』梓出版社，2011年)であり，さまざまな資料を生徒たちが解釈して表現し，対話を重ねて学びを深めていく方法である。こうした学習方法も参考にしながら，資料を活用した学習を進めてみても良いのではないだろうか。

【参考文献】
田尻信壹「歴史カリキュラム "Reading Like a Historian (歴史家のように読む)" の教授方略　米国史単元「冷戦の起源」を事例として」(『目白大学総合科学研究』第12号，2016年)
原田智仁「米国における "歴史家のように読む" 教授方略の事例研究　V. ジーグラーの『レキシントンの戦い』の授業分析を手がかりに－」(『兵庫教育大学研究紀要』第46号，2015年)
原田智仁・關浩和・二井正浩編著『教科教育学研究の可能性を求めて』風間書房，2017年

実践 4

室町時代の一流人を
どのようにおもてなしするのか？

宮﨑亮太

■ 目標

室町時代では会所などに人々が寄り合って交流していたことをふまえ，交流の場をどのようにつくっていくのかというワークをとおして，猿楽能・連歌・茶の湯・生花の内容や書院造の機能・役割について考察し，理解することを目標とする。

■ 授業の流れ

本稿を構成する以下の①〜⑦は，三つの組み合わせが考えられる。まず，①〜③と⑦を行う場合は，合わせて約35分を想定し，次に①と④〜⑦を行う場合は，約50分を想定している。また，①〜⑦を連続して実施するときは，グループでのディスカッションや全体共有，振り返りの時間を調整して約100分を想定している。

①室町文化の特徴や猿楽能・連歌・茶の湯・生花・書院造について説明する。
②生徒各自が有力守護（大内氏や細川氏）という設定で，一条兼良・足利義政・日野富子をそれぞれどのようにもてなすかというミッションを与える。その際，猿楽能・連歌・茶の湯・生花の四つのコンテンツからもてなす人物に合わせて一つずつ選び，選んだ理由ともてなしの内容を考える。
③三〜四人のグループをつくって，グループで共有する。
④もてなす側として，書院造の座敷飾りにどのようなものを飾るか各自で考える（書院造は中学校の教科書にも出てくるので覚えている生徒は壺や掛け軸などをイメージすることができるだろう）。
⑤③でつくったグループでおもてなし案を企画し，グループごとに発表する。
⑥猿楽能・連歌・茶の湯・生花について，また，書院造の座敷飾りにはどのようなものが飾られていたのかについて，唐物に言及しながら教員が説明する。
⑦今回の場面設定を振り返りながら，猿楽能・連歌・茶の湯・生花，書院造がそれぞれどのような役割をはたしたと考えるか，ワークシートに記入する。

授業展開のポイント

ワークの前提

　文化史の内容は多岐にわたることも多く，授業では作者や作品名など語句の羅列に終始し，散漫になってしまうことがある。そうしたことをふまえて，本実践では，単に室町文化を学習するというだけではなく，文化と政治・対外関係などを関連づけて学習できるよう配慮した。

　最初に，南北朝時代や室町時代において，会所などの場でさまざまな階層の人々が寄り合って交流がはかられたことにより，武家文化と公家文化・大陸文化・民衆文化などさまざまな文化が融合した広い基盤をもつ文化が形成されたことを説明する。

　次に，人々はどのように交流したのかを生徒たちに考えさせるために，現代ならどのようなコンテンツで交流しているだろうかと発問する。生徒たちからは「宴会で交流する」「一緒に娯楽を楽しむ」などの意見が出るだろう。そこで，室町時代の交流するコンテンツの例として猿楽能・連歌・茶の湯・生花をあげる。また，交流する場の例として書院造の座敷をあげる。

　ここで配慮したいのは，猿楽能や連歌・茶の湯・生花や客をもてなす場であ

猿楽能の様子(『洛中洛外図屏風』歴博甲本，国立歴史民俗博物館)

連歌の様子(『慕帰絵詞』東博模本，Image: TNM Image Archives)

生花の様子(『慕帰絵詞』東博模本, Image: TNM Image Archives)

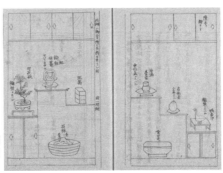

書院造の座敷飾りの例(『君台観左右帳記』国立国会図書館)

る書院造の座敷については，口頭による説明だけでは生徒は具体的にイメージしにくいので，以下のような資料を提示して，できるだけ端的に説明するということである。なお，猿楽能や生花・茶の湯などの文化は，さまざまに変化しながら現代にいたっていることにも留意する必要がある。

- 猿楽能…16世紀前半に京都の様子を描いたとされる『洛中洛外図屏風』(歴博甲本)など。
- 生花や書院造の座敷飾り…14世紀中頃に成立したとされる，本願寺の基礎を築いた覚如の生涯を描いた『慕帰絵詞』や将軍の唐物の管理や，座敷飾りを担った同朋衆が，足利義政の座敷飾りに関して記録した『君台観左右帳記』など。
- 連歌・茶の湯…『慕帰絵詞』など。

ワークの内容について

ワークの内容に入ると，生徒が有力守護の大内氏や細川氏であるという設定

で,「一条兼良・足利義政・日野富子の三人の VIP をおもてなしせよ」というミッションを与える。

　その際,三人がどのような人物であるかは簡単に説明をしておく。もてなしをするコンテンツとして,猿楽能・連歌・茶の湯・生花を選択肢として用意し,三人の人物をそれぞれどの内容でもてなすか,理由もあわせて考えさせる。

　なお,有力守護を大内氏や細川氏という設定にしているのは,大陸との貿易によって手に入れた唐物が座敷飾りで重要な役割をはたしていたことや,大陸との貿易の重要性についても後に触れることができるためである。

　もてなす客として一条兼良・足利義政・日野富子を設定した理由としては,教科書に記載されている人物で,事績をふまえて,どのような人物か紹介しやすいためである。また,幅広い階層の人々の間で交流があったことを示すため,公家・武家・女性という異なったカテゴリーのなかから選んでいる。なお,生徒たちに三人の人物の具体的なイメージをもたせるために,人物画を提示したり,ある程度のキャラクター設定を試みたりしてもよいかもしれない。

　そして,もてなす場の書院造について考える。書院造の座敷飾りにどのようなものを飾るか,生徒たちにまず考えさせる。おそらく,掛け軸や壺・花などの意見が出るだろう。一通り意見が出たあとで,教科書や資料集を参考にどのようなものを実際に飾ったのか,さらに考えを深める機会があってもよい。

　書院造と座敷飾りについては,『君台観左右帳記』などを参考に,代表的な飾り物の唐物をはじめとして,実際に何を飾ったかということや,飾ることに主人の権威づけという意味があったこと,飾っている物の価値がわかる人々が集まっていたことなどについて説明する。

ワークの振り返り

　ワークが終わったら,振り返りを行う。猿楽能・連歌・茶の湯・生花がどのような場で行われるものであったのか,書院造の座敷がどのような役割をはたしたのかを考えさせる。また,さまざまな階層の人々の交流はどのような意味があったのかについて考えさせたい。その際,教員の補足説明として,建武の新政の際の史料として有名な「二条河原落書」に出てくる,茶の味や香木の匂いをあてる茶寄合や連歌などに触れながら,さまざまな階層の人々が集まってつながりが形成されていくことを説明したり,あるいは惣村の形成や一揆を取り上げて,人々が集うことと集う場の重要性について説明したりする。また,赤松満祐が足利義教を殺害した嘉吉の変は,満祐が義教を屋敷でもてなしてい

る最中に事件がおきていることにも言及できるだろう。

絵画資料について

　絵画資料活用のメリットとして，たとえば『洛中洛外図屏風』(歴博甲本)は，猿楽能が描かれた箇所以外にも，室町殿や細川管領家といった建物，商人や職人などが描かれており，室町時代の文化史だけでなく中世の政治や経済・産業も関連させやすい。そのため，時間的な制約はあるが，絵画資料を活用して他の知識とのつながりを意識した展開が可能である。また，絵画資料の活用によって，生徒たちが当時の目線に近づくことができ，具体的なイメージをつかみやすい。

　絵画資料については普段から博物館や美術館の展示などで情報を集めることが基本になるが，国立歴史民俗博物館のHPでは『洛中洛外図屏風』や『江戸図屏風』などを高精細画像で公開しているほか，館蔵品の一部の画像を公開しており，簡単な内容説明が掲載されている。また，東京・京都・奈良・九州の四つの国立博物館が所蔵する国宝・重要文化財の高精細画像を解説つきで公開しているe国宝というサイトもある。こうしたデジタル化された歴史資料を授業に活用することは，これからますます求められる。

評価について

　授業参加への態度については自己評価を基本とし，ワークシートの内容をもとに教員が評価を行う。各自での作業への取り組み，個人の意見が書けていること，他者の意見がワークシートに書けていること，他者の意見をふまえて，思考の広がりがうかがえることなどを基準とし，評価を行っている。

【参考文献】
海野聡『建物が語る日本の歴史』吉川弘文館，2018年
五味文彦『文学で読む日本の歴史　中世社会篇』山川出版社，2016年
須田努・清水克行『現代を生きる日本史』岩波書店，2014年

コラム ④

"やってみなはれ ICT"
―日本史の学習に ICT を―

小坂至道

　ICT の導入には，学校によりさまざまな条件・制約があると考えられる。学校の設備条件のほか，スマートフォンをめぐる校則があり，それに加えて教員の意識上の壁の高さなどもあると，なかなか ICT 導入が進まない。

　そこで，まず一歩踏み出していただくために，ここでは，少しでも使いやすく，負担の少ない取り組みを紹介し，その後の工夫・展開につなげていただければと思う。

　まず，以下に示すのは，校内に Wi-Fi，教室に AV 再生機やプロジェクター・スクリーンがあるなど，比較的学校の設備が整っている場合である。「まずは，機械に慣れてみよう」ということで，旧来の授業スタイルをベースにどのような工夫ができるか，という例を示したい。

画像や動画を見せる　PC に画像を取り込むことで，資料集の見せたい部分を拡大して提示できるなど，生徒に注目させやすくなる。とくに文化史でさまざまな作品を紹介するときに効果的である。また，近現代史であれば，映像資料も多いので，動画を見せて理解をうながすことができる。筆者の勤務校では，動画を見せながら，その内容に則したプリントを使って視聴中の空欄補充や，視聴後に感想を記入するなどの作業を課す教員が多い。

板書を代替する　パワーポイントなどを使えれば，板書の代替としてスクリーンや電子黒板を使用することができる。見やすさの確保と板書時間の短縮が最大の効果であり，教員が大筋をスクリーンで説明し，生徒自身がプリントや教科書で詳細を確認しながら作業するという授業が成り立つ。筆者自身は，パワーポイントや紙芝居プレゼンテーション法(KP 法)で概略を説明して，生徒が考察したり話し合ったりする時間を確保している。また，丁寧に説明したいところでは板書も行い，旧来のチョーク＆トークと併用している。

　ちなみに筆者は，当初，Word 上に文字と画像を授業展開順に入力・貼り付けし，映し出した画面をスクロールして見せながら解説していた。このような一歩の踏み出し方でもいいのではないか。

　次に，生徒とのやり取りを想定した活用である。生徒がタブレットやスマートフォンを使用できる環境であれば，授業中にアンケートや課題を配信してそ

の返信を即時に表示するなど、さまざまな活動ができるだろう。しかし、筆者の見聞の限りでは、そこまでできる学校はまだ多くはないと思われる。そこで、予習・復習などの家庭学習にICTを利用できる場面を想定した例を示したい。とくに、ClassiやGoogle Classroomなど、教育系のICT活用サービスを利用している学校であれば、以下のようなやり取りは比較的容易である。また、このようなサービスを利用していない場合でも、Gmailを利用した生徒とのやりとりが可能である。ここで注意すべきことは、生徒にも学習用に新たにGmailのアドレスを準備させ、プライベートとは切り離して、あくまで学習用であるという意識で利用させることである。

課題を配信し、提出を受ける　課題を配信して、それをノートやプリントに解かせることもできるし、解答を直接返信させることもできる。たとえば、実践8「幕末・開港の影響」の論述課題採点プリントは、Classiを利用して事前に配信した課題への解答を提出させ、それをプリントにまとめて作成したものである。データでの返信の場合、提出した日時も記録に残るので提出遅れなどもチェックしやすい。

　また、長期休業期間中など生徒と会えない時期でも、課題の解答・解説を配信していくことができる。

質問を受付け、回答する　長期休業期間中やクラブ顧問で多忙な場合など、生徒（とくに受験生）の質問を直接受けられない時に便利である。双方の都合の良いときに発信でき、とくに教員は調べて準備してから回答することができる。また、生徒のグループ内で質問や回答が共有できるように設定してあれば、質問すること自体がグループへの貢献になる。個別的なメールの場合でも、「このような質問があり、こう回答した」という一斉メールの送信で共有することができる。

　このような取り組みは、ICTに関わる機器の性能やサービスの内容から考えれば、まだまだ初歩的なものだと思われる。実際に利用するなかで、その利便性に気づけば、「もっとこのように使いたい」とか「このようにも使えるのではないか」とか要望・発想も出てくるものである。また、教科の枠組みと関係なくさまざまな利用方法が考えられるので、職場での教科の枠を越えた「教員の」協働性を育んでいくのにも一役買うのではないかと期待している。

実践 5

戦国時代はいつ終わったのか？

宮﨑亮太

■ 目標

　時代や時期を比較して共通点や相違点を明らかにしたり，それらはどのように区分することができ，その画期がどこにあるのか，どのような特徴があるのかについて考えることは，社会的な見方・考え方を養うために重要なことである。歴史事象の内容や背景を学ぶことは重要だが，それだけでなく，時代や時期を俯瞰して相対化することで，個々の歴史事象を関係づけて理解できたり，関係性のなかからとらえ直すことができると思われる。

　本実践では，織豊政権期の年表を作成し，戦国時代の終わりがどこにあるのか，戦国時代と織豊政権期にそれぞれどのような特徴があるのか，画期となる出来事もしくは時期を境に何が変化し，何が継続したのかについて，生徒たちが考察を深めることを目標とする。

■ 授業の流れ

　①～④で約50分を想定している。⑤⑥は次回の授業で展開し，その後，振り返りの時間をとって，ワークの感想や何を学んだかをワークシートに記入させる。また，ワークに関して補足の説明をする。なお，織豊政権期について一通り学習していることを前提としている。

①三〜四人のグループに分かれて，教科書や資料集を参考にして織豊政権の年表を作成する。その際，年表に入れる事項を提示する場合もある。

②織田信長，豊臣秀吉の統一事業はそれぞれどのような特徴があるか，信長と秀吉それぞれに関わる事績をふまえて生徒たちに考えさせる。

③ワークの問い（「戦国時代はいつ終わったのか？」）を生徒たちに示す。

④戦国時代とはどのような時代であったのか，生徒たちに問いかけ，個人で考えさせたあと，グループで意見交流させる。その後，クラス全体で共有する。教員から生徒たちの理解の程度にあわせて，戦国時代をどのように定義づけるか説明する。

⑤年表をみて，どの時点で戦国時代は終わったのかを考え，その理由と考えら

れる根拠をワークシートに記入する。各自で考えたのちにグループで意見交流させる。
⑥グループごとに出た意見を発表させ、クラス全体で共有する。

授業展開のポイント
年表の作成
　本実践で戦国時代から織豊政権期を取り上げたのは、テレビや小説などで多くとりあげられており、生徒たちにとって比較的親しみやすく、また混とんとした状況から新しい秩序をもたらそうとする時代へという移り変わりがイメージしやすいのではないかと考えたためである。

　ただ、戦国時代の終わりについては、織田信長が足利義昭を擁して上洛した時点や太閤検地の実施の頃、関ヶ原の戦いなど見解が分かれるところである。

　そのため、生徒たちの反応にもよるが、振り返りの段階で資料や論文をいくつか紹介し、歴史は多様な視点と意見によって、さまざまな解釈があることを紹介したい。

　年表を作成する際には、始まりと終わりの時点と枠を示して、あとは生徒たちが重要だと思う出来事を選んで、年表に書き込んでいく方法。また、教員が必ず年表に入れる出来事を提示する方法など、いくつかの方法がある。

時代・時期を区分する
　年表を作成したあと、織田信長の統一事業と豊臣秀吉の統一事業がそれぞれどのような特徴があるかを考えさせ、「織田信長（豊臣秀吉）の統一事業の特徴は○○です」などの形でワンフレーズにまとめさせる。また、そのフレーズにまとめた理由もあわせてワークシートに記入させる。この作業では、教科書や資料集に加えて城郭や寺社、遺跡の出土遺物などの写真や絵図などの絵画資料を数点提示する方法もある。

　そして、「戦国時代はいつ終わったのか？」という問いを提示する。その際、教科書や用語集、辞典などを参考に、具体的な出来事をいくつか例示しながら、この授業における戦国時代を定義づける必要がある。そのときに、教員が定義づけを直接説明するよりも、生徒たちにいったん考えさせ、仮説を立てる段階をはさみたい。生徒たちに「では、戦国時代とはどんな時代か」と教員から投げかけてみると、生徒たちは戦国時代について「戦争が多い時代」「貧困と飢餓の時代」「戦国大名が活躍する時代」「日本全体をまとめる権力者がいない」などのさまざまな特徴をあげると思われる。こうした意見はそのまま「江戸時

年表作成シートの例

	年	歴史事項	〈おもな出来事〉
織田信長	1560	桶狭間の戦い	足利義昭を奉じて入京 足利義昭を追放（室町幕府滅亡） 刀狩令 太閤検地 秀吉，関白就任 本能寺の変
豊臣秀吉	1597	慶長の役（〜98）	

代では戦争がおこらないように，どのような工夫がなされたのか」などの問いに転用することができ，また別の機会で，それらの問いをもとにした授業展開も考えられる。

　どの時点を画期とするかについては，生徒たちが作成した年表のなかから適宜選んだり，教員がいくつかの選択肢を用意してそのなかから選ばせたりする方法が考えられる。いずれにしても，生徒たちには戦国時代の終わりと考えられる時点もしくは時期を教科書や資料集などから根拠をふまえて一つあげさせる。なお，関ヶ原の戦いや大坂の陣などをあげる生徒も出てくると考えられる。その場合は，織豊政権期にこだわらず，それぞれの考えをあげさせる。

ワークのまとめ

　最後のまとめについては，グループを組んだときにリーダーや進行役などの役割を決めておき，グループごとの意見を発表させることを伝えておくとよい。発表については，たとえばテレビ討論番組を制作する体で，各グループから代表して討論に参加する解説者を一人ずつ，全体から解説者に質問するキャスター，タイムキーパーを各一人，その他の生徒はスタジオ視聴者役などと役割を決めさせて，時間を区切って発表させるという方法もある。スタジオ視聴者役の生徒たちは，グループに関係なく，根拠があり説得力のあった解説者に１票を投じるというゲーム性をもたせておくとおもしろい。

　生徒たちの意見が表明されたあと，教員から補足説明を行う。本実践のように諸説あって，答えを絞ることが難しい場合，歴史資料や文献に基づいている

ことを示すことと,再度,授業の目的・目標を共有することで収束をはかる。これは,諸説あるということのみを示すと,生徒たちは時間をかけて議論したのは何であったのかということになるからである。たとえば,『岩波講座日本歴史　第10巻　近世1』で藤井讓治氏は諸説あるとしながら,1568年の織田信長の入京か,1573年の室町幕府の倒壊が近世の始期として一般的であるとしている。こうした見解を複数紹介し,この授業の目的が,時代を俯瞰して時期や時代の特徴について考察を深めることにあるというゴールラインを共有することで,生徒たちが消化不良となることを防ぐことにつながる。

　普段の授業では,どこを区切りとして対外政策や統治体制などが変化したか,時代の画期はどの時点であると考えられるかなど,教員が教材研究で調べた結論のみを話してしまっていることがある。それでは,生徒たちが教員の思考の展開についてくることが難しい場合もあり,生徒たちの学習意欲が低下することもあるだろう。そこで,年表を作成し,世紀や10年ごとに区切って比較したり,時代の画期となった出来事を中心として前後でどのように変化したかを生徒たちに考えさせたり,こちらで年表を作成し年表のタイトルを生徒たちに考えさせるというような取り組みは,段階をふみながら,マクロな視点を生徒たちに持たせられるため,非常に有効であると考える。

　授業において結論のみを押しつけるのではなく,なぜそうなのかという過程を生徒たちに考えさせること,つまり,教員が教材研究で思考した過程を共有することで,一方的に話す教員と授業についていくことを諦めた生徒という授業の構図を変えていくことができるのではないだろうか。

歴史学習のワークのあり方

　いくつかの答えがあるオープンエンドに近い形のワークの場合,答えが拡散して教員がコメントを的確にできなかったり,まったく的外れな回答ばかりが並んでしまったりする可能性がある。生徒たちはグループのメンバーや教員の反応をみて,自分の発言がどのように評価されるだろうかということを気にする場合も多い。このため教員が授業の目的・目標や意図を明確にして,生徒たちに投げかける問いを工夫し,生徒が答えるときに困惑しないように検討する必要があると筆者は考える。

他の時代への応用について

　本実践の内容は他の時代においても,用いることができる手法である。たとえば,どの時期が鎌倉幕府の始まりといえるかについて考察することや,18世

紀から19世紀にかけてヨーロッパ諸国やアメリカが日本に接近していく様子が、どの時期からどのように変化していくかを考察することも一案である。

評価について

本実践の場合、グループで作成した年表と各生徒が作成したワークシートを授業後に提出させて評価を行うことができる。それに加えて、授業の内容を応用して、画期となる出来事の意義や、前後でどのような変化が生じたかなどの論題でレポートや論述の試験を課すこともできる。

最後に、アクティブ・ラーニング(AL)型授業は受験指導と相容れないという意見を聞くことがある。今回の提案のような内容の AL は、50分といった短い時間では完結するものではなく、複数の時代や時期で実施するなどの工夫は必要ではあるが、センター試験や大学入試の論述問題への対策として基本となるスキルを養うことができるのではないだろうか。

【参考文献】
『岩波講座日本歴史　第9巻　中世4』2015年
『岩波講座日本歴史　第10巻　近世1』2014年
杉森哲也編『大学の日本史　教養から考える歴史へ　3 近世』山川出版社、2016年
歴史科学協議会編『歴史学が挑んだ課題　継承と展開の50年』大月書店、2017年

コラム⑤
能楽を活用して文化史を学ぶ

宮﨑亮太

　文化史は，政治や外交・経済が世の中にどのように影響していったのかなど，社会の変化を知る手がかりであり，歴史を学ぶうえで欠かせない分野である。しかし，文化史の単元は，美術や学問など分野が多岐にわたり扱いが難しく，解説しだすときりがないため，省略したり，後回しにしたりしてしまう場合もある。また，自身の文化史の授業を振り返っても，作者・作品などを羅列的に扱うことがあり，授業が単調になることがある。どのように授業を構成すれば文化史を生徒とともに楽しむことができるかは，自身の課題でもある。

　歴史教育に関する著作を多く残した黒羽清隆氏は『文化史でまなぶ日本の歴史』のなかで，「生活文化という広がりのなかで，文化をとらえ」ることが大切であると述べている。

　そこで，「民衆」という視点を生徒たちに持たせる工夫として，能楽作品の活用を紹介したい。まず法然について，日本史Bの教科書である『新日本史』には「多様な階層の人びとから絶大な支持を集め」たとある。また，鎌倉時代末期に成立した「法然上人絵伝」には，市井の人びとが法然の法話を聴く様子が描かれている。もっともこの絵巻物からでも様子は伝わるが，さらに考察を深めるための資料として，能楽の「生田敦盛」という演目を取り上げたい。この作品は室町時代後期に活躍した猿楽役者の金春禅鳳により作られたとされる。内容は，説法の場である女性が，法然が拾った子の母を名乗り，平敦盛の遺児であると話した。やがて，それを知った子は賀茂社に参詣し，神の告げで摂津の生田に行き，平敦盛の霊と出会うというものである。この作品は『平家物語』などの文学作品からそのまま作られたものではなく，民間に流布した伝承などから取材して構成された作品であると考えられる。しかし，地域は限定的である可能性はあるが，室町時代後期の人びとが法然にまつわる伝承について，一定の理解をしていたと推測できる。また，説法の場面に市井の女性がいたり，生き別れた子を探したりしていることから，説法の場が地域のコミュニティにおける情報交換の場であったことが想像できる。

　こうしたことから，法然の専修念仏の教えをはじめとした鎌倉仏教の役割や，どのように広がり後世に続いていったのかについても考える材料になる。

　能楽の作品のなかにはほかにも,「鵜飼」という,鵜飼をしていた老人の霊が僧の法華経の回向によって救われるという作品をはじめ,法華経の功徳によって女性や武将などの霊が救われるという作品がいくつかある。室町時代において重要な役割を果たす法華宗の教えの広まりを示す一つの資料として活用できるだろう。

　最後に,狂言にも活用できる作品があるので一つ紹介しておく。「鬮罪人(くじざいにん)」という作品には京都の祇園祭が町ごとに山鉾の趣向を相談して決めていたという,かつての様子を垣間見ることができる。

　能や狂言の作品は,さまざまな階層の人々の悲しみや苦しみ,生き様などが描かれ,長い年月をかけて洗練されたストーリーとなっているため,現代の私たちにも共感できることが多く,歴史を身近に感じさせてくれる内容となっているものも多い。それゆえに,生徒たちが文化史だけでなく政治史や社会経済史を学ぶ材料としても活用できると思われる。ただ,年代が特定できる作品ばかりではなく,後世に大幅な修正を加えている作品も多い。こうしたことを踏まえ,作品の内容を全て史実か史実でないかで,作品の教材としての価値を判断することは早計であろう。作品の内容にある程度フィクションが含まれてあったとしても,核となる史実はあったわけである。もっと言えば,核となる史実をもとにつくられた物語が能や狂言の作品として伝承されてきたことは事実である。伝承される背景を考察したり,授業の挿話として活用したり,大きな可能性があると言える。

　いずれにしても,まずは生徒たちも先生も能や狂言を実際に鑑賞してみて,その魅力に気付くと,資料の一つとして活用する価値がより高まるのではないだろうか。ぜひ,おすすめしたい。

【能楽に関する参考資料】
戸井田道三監修・小林保治編『能楽ハンドブック　第3版』三省堂,2008年
村尚也(文)・よこうちまさかず(画)『まんがで楽しむ能の名曲七〇番』檜書店,2007年
村尚也(文)・山口啓子(画)『まんがで楽しむ狂言ベスト七〇番』檜書店,2011年
文化デジタルライブラリー　http://www2.ntj.jac.go.jp/dglib/(最終閲覧日:2019年1月16日)

【参考文献】
大隅和雄『日本文化史講義』吉川弘文館,2017年
黒羽清隆『文化史でまなぶ日本の歴史』地歴社,1981年

実践 6

徳川綱吉の政治は人々をいたわり慈しむ政治であったのか？

宮﨑亮太

■ 目標

本時のテーマは「幕府政治の安定－徳川綱吉の政治－」とする。幕藩体制が安定期に入り，法と制度による秩序の維持がはかられた徳川綱吉の政治について，生徒たちが問いを表現することをつうじて，綱吉の政治に興味・関心をもち，考察を深めて理解することを目標とする。

■ 授業の流れ

①～⑤を約50分で実施することを想定しており，⑤の質問づくりについては時間内で調べきれなかった分は課題とする。そして，次の時間では，⑥～⑧を約50分で実施することを想定している。

①前時の復習として，幕府政治の安定に向けて，徳川家綱の治世にどのような政策が行われたかを確認する。

②本時のテーマ「幕府政治の安定－徳川綱吉の政治－」と本実践のタイトルになっているメインクエスチョン「徳川綱吉の政治は人々をいたわり慈しむ政治であったのか？」を共有する。

③綱吉の政治について，生徒たちがどのようなことを知っているか，また，小・中学校の既習事項をもとに，綱吉の政治に対してどのようなイメージをもっているかを確認する。

④生徒たちは教科書と資料集に目をとおして，ワークシートの年表の空欄を埋める作業を各自で行う。空欄の答えあわせをしながら，徳川綱吉の治世はどのような時代であったのかについて概要を説明する（説明が長くならないようにポイントを絞って説明する）。

⑤「徳川綱吉の政治は人々をいたわり慈しむ政治であったのか？」を検証するために，ホット・シーティングという手法を用いて展開する。ホット・シーティングについて説明し，綱吉役を生徒から一人選出。その他の生徒は幕閣の実務的な役人という設定で，三～四人グループになって，幕府が行った政策のメリットやデメリットをふまえて教科書や資料集をもとに質問をつくり，

ワークシートに記入する。ただし，質問をつくる際には，根拠となる資料を必ず提示するように徹底する。

⑥綱吉役の生徒はクラス全員からみえる位置にホット・シートを設置して着席する。そして，質問役の生徒が質問をする（教員が進行してもよいが，老中役などと称して生徒に進行させるとフラットな場になりやすい）。

⑦ホット・シーティングにおけるやりとりについて，教員から補足説明する。感想やメインクエスチョンについて考察したことを各自でワークシートに記入した後，クラス全体で共有する。

⑧家綱から綱吉の治世にかけての基礎的な知識を問う，5分程度でできる問題をさせて，理解度を確認する。なお，時間的に余裕があれば，紙芝居プレゼンテーション法（KP法）などを用いて家綱から綱吉の治世を簡単に振り返る。

ホット・シーティングを活用した歴史学習

ホット・シーティングとは教員や参加者がある人物になりきって，イス（ホ

ワークシート

実践6 徳川綱吉の政治は人々をいたわり慈しむ政治であったのか？

ット・シート)に座り，質問やインタビューを受けるという技法である。普通の授業の質疑とは違い，あくまで人物になりきって答えることがポイントである。その他の参加者も役を演じる場合があるし，そうでない場合もある[1]。

　高等学校の歴史学習においては，江戸時代に限らず概念的な理解を必要とする用語や歴史的な事項が教科書には多く掲載されており，学習を進めるうえである程度は触れなければならない。しかしながら教員が行う概念用語や歴史的な事項の説明で生徒たちが事実認識できたとしても，最終的に歴史用語や年号などの単なる暗記におちいるおそれがある。そこで，それらを生徒が自分ごととする機会があると，自分の言葉で理解して歴史的な事項を相互に関連づけることができ，理解が深まるのではないかと考え，ホット・シーティングを用いた実践を試みた。

　生徒たちが理解した知識を自分の言葉で他者に説明したり，学習したことから問いを立てたりする仕掛けづくりは難しいと，これまで筆者は感じていたが，本実践では，学んだ知識を自分なりに理解しなければ，質問をつくることができないため，自分ごととして理解して質問をつくったり，綱吉役の生徒に説明しながら質問したりする。そうした活動の中で，生徒たちの授業に対するモチベーションの向上がみられた。結果として，単に一つひとつの事実認識が深まっただけでなく，相互の関係性の理解が深まり，生徒たちは多くの良質な質問をつくることができた。たとえば，「財政難になってきていたのに，なぜ野犬の保護などにお金をつかったのか」「堀田正俊が暗殺されたあと，なぜ大老ではなく側用人をおいたのか」などである。

　ただ，何度か実践する過程で，留意すべき点がいくつかあると感じている。

　まず，生徒たちに前提となる知識がほとんどないままでホット・シーティングを行っても内容に深みがなく，結局どのような位置づけの時間であるかが生徒に伝わらない可能性がある。そのため，歴史学習においてホット・シーティングを行う場合，教員からの説明などにより，前提となる知識を理解させたうえで，あくまでも概念的な知識や歴史的な事項に関する理解の確認と相互の関係認識を深める機会としてとらえるほうがよいと考える。

　次に，ホット・シーティングは想像力の向上をねらいとして行われることもあるが，歴史学習においては歴史資料に基づいて歴史が叙述されていることを生徒が理解して学習を進めることが求められる。ホット・シーティングの内容は想像でやりとりするのではなく，教科書や資料集などの，どの記述から質問

の着想を得たのか。またホット・シートに座って答える側も，何を根拠にそのように答えられるのか，双方とも十分な根拠を示しながらやりとりをする必要がある。進行の際，進行役の生徒に対して根拠が不十分なやりとりの際には，指摘するように教員から指導する。とはいえ，「貨幣改鋳を行ったときは，綱吉公はどんな気分でしたか」という質問に対し「民衆にも高い評価であったので，満足した」といったような，典拠に基づかない不十分なやりとりも出てくる。そうした場合，振り返りの際に指摘して説明するか，後にプリントにまとめて配布することを考えておく必要がある。

なおホット・シーティングのような生徒主体のワークを展開する場合，導入として簡単なアイスブレイクを取り入れてみたり，たとえば，「徳川綱吉を知っているか」など単純な質問によって，生徒に挙手をさせて参加をうながしたりするところから始め，指名発問やペアワークなど徐々に参加の度合いを高めて，十分に場を解きほぐしたうえで行うのがよいと思われる。

教材について

綱吉を取り上げる理由については，中学校社会歴史分野においても学習することから，生徒たちにとって馴染みのある人物であるということがある。また，綱吉は講談や歌舞伎，小説やドラマなどによって人物像がつくりあげられ，ときに脚色されて語られてきた。歴史学習においては，綱吉の治世は武家諸法度（天和令）の制定や生類憐みの令，服忌令，貨幣改鋳，朝幕関係の融和など教科書や資料集にもさまざまな歴史資料とともに取り上げられているが，あまり良くない評価の人物とされたこともあった。しかし，綱吉の治世下では数多くの法令や制度の整備が行われている。綱吉は法や制度による秩序の形成という幕府政治の転換に関わっており，再評価されてきた。

綱吉の再評価が進むとともに，綱吉に関する教科書の記述も変化してきている。歴史はさまざまな視点から歴史資料をもとに解釈され，多様な解釈があることを生徒たちに理解させるために，可能であれば，質問について考えさせる際には学校図書館と連携して生徒に文献などの資料を提示して，教科書や資料集以外の典拠も用いた質問づくりが行われると，より深みのある学びとなろう。

いずれにしても，生徒たちがもっている綱吉像からいったん離れて，教科書や資料集を含めた資料に基づいて綱吉の政治について考え，興味関心をもたせるきっかけになればと思う。

他の単元への応用

　設定する人物については，綱吉のように，ある程度知名度があって評価が分かれる人物がよい。政治が大きく変化したときに多くの政策を展開しているような条件の人物であることが，生徒たちにとっても取り組みやすいのではないかと思う。たとえば，聖武天皇や足利義満・織田信長・豊臣秀吉などの人物があげられる。

　単元ごとのまとめや振り返りとして，こうした手法を用いた授業を展開することは，生徒の興味関心を高め，知識を定着させるとともに歴史認識を深める一助となるのではないだろうか。

【参考文献】
塚本学『徳川綱吉』吉川弘文館，1998年
福田千鶴『徳川綱吉　犬を愛護した江戸幕府五代将軍』(日本史リブレット人49)山川出版社，2010年
山室恭子『黄門さまと犬公方』文春新書，1998年

注
1　小林由利子ほか『ドラマ教育入門』(図書文化社，2010年)，渡部淳・獲得型教育研究会編『学びを変えるドラマの手法』(旬報社，2010年)を参照。

コラム⑥

「学ぶ」を広げる
―歴史のフィールドワーク―

小坂至道

　本稿ではフィールドワーク（以下，FW）について，「歴史を学ぶ」視点と同時に「歴史で学ぶ」視点に立ち，準備・計画段階から実施段階にいたるまで，どのような工夫ができるのかを述べたい。

　筆者の場合，FWを大きく2通りに分けている。一つは，教員が生徒を引率して史跡などの場所ごとに説明を加える教員主導型，もう一つは，学習班ごとに計画を立てて史跡などを巡らせる学習班中心型である。後者は，とくに複数の教員の協力が必要で，学年行事的に行うことが多い。いずれにしても，授業や研修旅行の事前学習などと関連させて，時代やテーマの設定をし，実施している。

教員主導型

事前学習・準備　既習の時代についてのFWなら，必ずしも事前学習はなくてよい。余裕があれば，訪れるコースの注目点の確認やFW中に取り組むワークシート（以下，WS）の確認を行う。

当日の取り組み　ポイントごとに教員が解説し，WSに取り組ませる。WSには，説明を聞いていればわかる一問一答形式のものと，実際に建築物や絵画などを観察して気づいたことを書かせる形式のものとを用意している。また，コース内に博物館・資料館などを入れる場合も，館内を見学しながら取り組めるWSを用意しておく。

　なお，観光客の多い寺社などを訪れる場合，大声を出して引率・説明をするのは迷惑である。そこで，最近は生徒にスマートフォンでZoomというアプリを利用させ，教員の解説をイヤホン越しに聴くようにさせている。これにより，生徒は解説を聴きながら目の前の興味あるものをしっかり観察することもできる。

事後の指導　感想などを記したWSを回収する。他の生徒の気づきや理解をうながすコメントがあれば，それを授業のなかでフィードバックする。余裕があればそれらをまとめた「歴史通信」のようなものを発行してもよい。

学習班中心型

事前学習・準備　時代やテーマに沿って，教員が指定する史跡・施設と自分た

ちの希望で訪問する場所を含めて，コース設定をさせる。行動計画表をつくらせ，その点検を行う。教員は，訪れた史跡の成立年代やその後の経過，訪れた感想などを書ける汎用的なWSを用意しておく。

当日の取り組み　生徒は行動計画に従って班で行動し，途中でポイントに立つ教員のチェックを受ける。ここでは，生徒の学びの主体性だけでなく，規範意識や責任感も問われる。また，可能であれば史跡・施設を背景にスマートフォンで班の写真を撮らせ，教員が用意した行事用のアドレスに送信させ，行程の安全と進捗の確認を行う。

事後の指導　班ごとに気づきや理解などの成果をまとめたパワーポイントやポスターを作らせ，授業内で発表を行ったり，校内に掲示したりする。

　以上のように，WSへの取り組みや授業内での発表など，当日・事後のアウトプットを設定することで，学びへの集中度がより高まる。また生徒の感想や気づきは大事にしたい。「暑かった」「疲れた」レベルの生徒もいるが，同じ建築物や絵画を見ても，その経てきた年月の長さを思う者もいれば，絵の具などの素材に関心を持つ者，彫刻の技術に感心する者がいるなど，生徒の関心や気づきは多様である。生徒にフィードバックするときにその多様さにふれられた教員の喜びを，素直に伝えるとよい。

　さて，こうした活動の発展編として，他教科の教員の応援を得ることで，教科横断的に幅を広げることが可能であり，生徒の学びを広げたり深めたりできる例を挙げたい。

　たとえば，博物館や美術館を見学するときに，理科の教員から人間の生活と自然の関係について語ってもらったり，美術科の教員から鑑賞の観点を教わったりすることは有効である。同じ展示を見ても，さまざまな関心と観点から学べるということが伝わるからである。

　また，学習班中心型FWで，事前学習で英語科教員の協力を得て，訪れる史跡を英語でガイドできるように練習し，当日，外国人観光客に実際に説明するという実践もある。「日本のどんなところに興味があるか」などインタビュー形式で話しかけ，それから史跡ガイドに入るのがやりやすいであろう。この様子を許可を得て撮影し，事後の振り返りに役立てるのもよい。こうした，「実際に使う」ことを想定した知識や技能の学びの強さ・深さは，なかなか座学だけでは得られない貴重なものとなるだろう。

実践 7

近世の百姓一揆の「作法」とは？
―百姓一揆のイメージ転換を目指す―

渡辺裕一

■ 目標

　近世(とくに江戸時代中・後期，18世紀から19世紀中頃)の百姓一揆[1]は，百姓の生活・経営の「成立」(経営維持)を幕藩領主に訴願し，「仁政」の回復を目指す民衆運動であったことを，百姓一揆の「作法」が書かれた史料の読解などをとおして理解する。

■ 授業の流れ

　本時は，以下の「導入」から「まとめと振り返り」までを50分で実施することを想定している。なお，この授業は，『詳説日本史』の「第8章　幕藩体制の動揺」のなかの「一揆と打ちこわし」の時間で行う。

導入[10分]－百姓一揆のロール・プレイ－
- ロール・プレイの設定(近世の百姓一揆)について説明する。
- 今回演じる役柄は，①一揆を率いる農民(頭取)一人，②一揆に参加する農民三人，③年貢増徴を決定した幕藩領主側一～三人とする。なお，一揆勢を演じる生徒には，あらかじめ白紙を配り，一揆で携行する物を書かせたうえで，演じさせる。
- 演技後，演者の感想を聞く。また，観察者の生徒(一～二人)に感想を聞く。

展開1[15分]－シンク・ペア・シェアで史料の内容を読み取らせる－
- 「一揆勢が携行した得物とは何か？」
- 「使用された旗には何が書(描)かれていたか？」
- 「一揆勢がみずからに課していたルールとは何か？」

展開2[15分]－教員による講義(チョーク＆トーク)－
- 近世の百姓一揆とは何か，教員が説明を行う。

まとめ1[5分]－再びロール・プレイ－
- 再び，同じ演者の生徒たちに，百姓一揆のロール・プレイを行わせる。
- 演技後，他の生徒(観察者)は，本時に学習した内容にてらして，その演技が正しかったかどうかを評価する。何人かに発表させ，クラスで共有する。

まとめ2と振り返り[5分]
・近世の百姓一揆の定義を生徒一人ひとりが考え，ワークシートにまとめる。

■ 本時で用いる手法—「ロール・プレイ」と「シンク・ペア・シェア」—

「ロール・プレイ」とは？

「ロール・プレイ(役割演技)[2]」は，かなり広い意味をもっている。狭義には，立場の異なる者同士の間での合意形成や，自分とは異なる立場を理解するため(他者受容)のコミュニケーション能力育成を目指すために行うものをいい，開発教育や道徳教育などの場面でしばしば行われてきた。一方，今回行う授業では，自分ではない他者を演じる技法という広い意味でロール・プレイを用いる。その立場に身をおいてみることで，「その人物なら何を考えるだろうか」「どう発言したり，どう行動したりするだろうか」と想像することを目的とする。

ロール・プレイは，以下のような手順で行われる。

① 教員が設定について説明する。
② 役柄(ロール)を演じる生徒を選ぶ(少人数のグループに分かれて，それぞれにロール・プレイをやらせてもよい。その場合は，グループのなかで，演者の他に観察者を一人おく)。
③ 教員の合図で生徒がシーンを演じる。最初の場面設定は教員が決め，その後のセリフや動きは決めずに，生徒同士が即興で行う。なお，教員は，演者が自然に発するセリフや動きを大切にする。
④ シーンが終わった後，振り返りを行う。演者と観察者それぞれに感想を聞く。

「シンク・ペア・シェア」とは？

「シンク・ペア・シェア(Think-Pair-Share)[3]」は，文字どおり，自分で考えて，ペアで共有するという方法である。二人で行うので，発言しやすく，また，話し合いの際にフリーライダーが出にくいというメリットがある。この手法の大切な部分は(話し合いを行う手法すべてにいえることだが)，まず自分一人で考えるという過程を経てから，話し合い・意見交流に入る点である。

シンク・ペア・シェアは，以下のような手順で行われる。

① 教員がクラス全体に，ある質問をする(またはある課題を出す)。
② まずは数分間，一人で考え，自分なりの答えを出してみる。
③ その後ペアになって，お互いが考えたことを共有する。この後に，ペアで話し合った結果をクラス全体で共有する。

■授業展開のポイント―百姓一揆の「作法」の教材化―
教材化のねらい―近世百姓一揆のイメージの転換―

　百姓一揆といえば,「圧政に耐えかねた農民が,竹槍をもって悪代官や藩の武装兵と対峙する。しかし,結果は敗北に終わってしまう……」といった,『カムイ伝』(白土三平著)的なイメージをもっている生徒が多いのではないだろうか。また,中世の土一揆や明治初期の新政府反対一揆と混同してしまっている場合も多い。

　しかし,深谷克己氏が明らかにしたように,近世の百姓一揆は,領主を破って取ってかわろうとする(下剋上のような)運動ではなく,百姓が年貢を上納するかわりに領主は「百姓の成立」を保証するという「仁政」の回復(平和な日常生活への復帰)を目指す運動であった。近世の百姓一揆については,渡辺尚志氏が新書のなかで,わかりやすくまとめているので引用する。

　　「……一揆勢は,武装して武士と戦うことは想定しておらず,人を殺傷するための武器も携行していませんでした。手に持ったのは,自らが百姓であることを明示するための鎌や鍬といった農具でした。打ちこわしがおこることもありましたが,攻撃対象は百姓・町人であり,その際も家屋・家財は損傷・破壊されたものの,人に危害を加えることはありませんでした。ですから,百姓一揆は現代のデモ行進に近いところがあるかもしれません。今日の世界を見ても,デモ隊が警官隊と衝突したり,器物損壊をともなうことは間々見受けられます……」[4]

　そこで,生徒がもつ『カムイ伝』的な百姓一揆のイメージ転換をはかることをねらいとして教材化したのが,「近世の百姓一揆の『作法』とは?」という授業である。この授業では,百姓一揆の「作法」(保坂智氏のいう,百姓一揆の「地域性や時代を越えた共通の行動様式」)の検討をつうじて,近世百姓一揆の本質を理解することを目指す。

本時における「ロール・プレイ」で生徒は何を演じるのか?

　本時では,授業の導入としてロール・プレイを行う。設定は,「飢饉のなかで年貢増徴を決定した幕藩領主に対し,農民が一揆をおこす」というものである。一揆勢を演じる生徒には,白紙を数枚渡しておき,百姓一揆に持参する物(道具・のぼり旗など)を書かせた(絵でなく文字でよい)うえで,役柄を演じさせる。

　生徒は,百姓一揆に関する知識やイメージや想像力を用いて,与えられた役

柄を演じる。筆者の経験からいうと，農民役の生徒たちは，たいてい，武器を持参し，のぼり旗には「救民」(大塩平八郎の乱)・「世直し」などのスローガンを書き，そのうえで，幕藩領主を倒すための武力行使を行う。一方，幕藩領主側を演じる生徒たちも，一揆勢を(安易に)武力鎮圧する場合が多い。

なお，本時では，近世の百姓一揆の本質を理解させたうえで，「まとめ」の時間に再び，同じ生徒たちにロール・プレイを行わせる。ここで，「デモ行進」のような百姓一揆を演じることができれば，授業のねらいは達せられたことになる。

本時における「シンク・ペア・シェア」で生徒は何を理解するのか？

導入のロール・プレイのあと，生徒は史料の読解を「シンク・ペア・シェア」で行う。以下，本時で用いる史料とその史料が意味する内容を簡単に説明する。

百姓一揆に参加する者たちの持ち物(「得物」「鳴物」)

①1739年　鳥取藩で発生した元文一揆 「百姓の得道具は鎌・鍬より外になし，田畑に出よふが，御城下に出よふが，片時もはなせじ……」(『因伯民乱太平記』)
②1749年　陸奥国信夫・伊達郡の幕領で発生した一揆 「此度の騒動，寛永，慶安の頃，天草四郎や由井正雪等の類一揆にハあらで嗷訴(強訴)のことに候得ば，手道具※は不持ハ勿論のこと」(『伊信騒動記』) ※手道具…ここでは武器の意
③1750年　甲斐国で発生した米倉騒動 「百姓之事ニ候事は帯刀ハ無用と申……」(『米倉騒動実録』) 「百姓の事なれば，飛道具や太刀，脇差，鑓(やり)などの類ひは決して持参るべからず……(中略)……手道具には鋤，鍬，鎌，万能，まさかり，斧，大槌，鶴はし，鋸(のこぎり)…」(『米倉騒動実録』)
④1801年　出羽国村山郡一揆 「鉄砲を打，螺貝を吹立，余程人集り候由」(『百姓騒動一件』)
⑤1866年　武州世直し一揆 「百姓は百姓だけの趣意にて，世の見せしめに不仁の者をこらす※のみ，敢て人命をそこなふ得物は持たず……」(『秩父領飢渇一揆』) ※不仁の者をこらす…悪人をこらしめる

生徒は，これらの史料から，一揆勢が携行した道具(得物)は農具であり，みずから武器の使用を否定している事実を読み取ることになる。このうえで，教員は「なぜ農民らは武器を携行しなかったのだろうか」という発問を行う。生徒は話し合いなどをつうじて，鎌や鍬などの百姓を象徴する道具をもつことで，自分たちが百姓身分を逸脱していないということを幕藩領主にアピールしよう

としたのではないかと考えていく。

なお，生徒のなかには，「刀狩・兵農分離の結果，農村には武器がなくなったため，武器をもてず，農具をもち出した」という仮説を立てる場合がある。しかし，これについては，塚本学氏が明らかにした，害獣駆除用の「農具としての鉄砲」が農村に大量に存在した事実を教員が紹介する。また，この誤答を取り上げることで，「農民たちが武器をもっているにもかかわらず，あえて使用しなかった」という事実を理解させる。なお，百姓一揆に関する史料のなかには，鉄砲や刀（脇差）を所持したとの記録が散見されることにもここで触れておく。これについては，鉄砲は鳴物（一揆の行動統制のための合図）として，刀（脇差）は頭取の権威を示すものとして使われたと考えられている。また，江戸時代の百姓一揆（1430件）のうち，一揆勢が武器を使用したと史料に記されたものは14件にすぎない[5]ことも生徒に伝えるとよいだろう。

百姓一揆で使用された旗

①1748年　姫路藩一揆
「村々の名を印し申候木綿幟四，五本立……」（『播州姫路騒動大坂江戸聞合書』）
②1793年　伊予国吉田藩武左衛門一揆
「もめんのほりヲ一ケ村限ニ一本つゝ何村と大文字ニ書」（『吉田御領中百姓中騒動聞書』）
③1841年　肥後国人吉藩一揆
「徒党の者共村の目印の旗を立，夫（それ）を見当に進退」（『相良茸山騒動記』）
③1836年　甲州騒動
右の絵を参照

『応思穀恩編』（国立公文書館）

生徒は，これらの史料から，旗が村を識別するために作成・使用された事実を読み取ることになる。このうえで，教員は「なぜ旗で村を識別しなければならなかったのだろうか」という発問を行い，数千から万を超えることもある一揆を統制するために，村の旗が必要だったことを説明する。なお，一揆の旗については，以下の点を生徒に説明するとよい（保坂智氏の著書から引用する）。

「……百姓一揆の旗は，現在のデモが職場の旗，組合の旗の下に集合する

のに似ている。ただデモの場合には、その先頭にデモの目的を記した横断幕などが出され、何のためのデモであるかを明確にしている。百姓一揆にはそれに相当する旗はなかった。なぜないのか？必要がないからである。なぜ必要がないのか？それは、目的を明示するものがなくとも、百姓が百姓一揆を行う目的を社会全体が理解していたからにほかならない。その目的とは百姓の成立を領主に訴願する……ことなのである。」[6]

一揆を行う際のルール

> ①1866年の信達騒動において頭取が出した指示
> 「やあやあ者共、火の用心を第一にせよ。米穀は打ちらすな。質物には決して手を懸けまじ。質は諸人の物成るぞ。又金銭品物は身につけるな。此働きは私欲にあらず。是は万人のため成るぞ。此家の道具は皆悉く打こわせ。猫のわんでも残すな」(『奥州信夫郡伊達郡之御百姓衆一揆之次第』)
> ②1825年の赤蓑騒動での打ちこわし勢を指して、村役人の評価
> 「昨夜の躰たらく百姓騒動の作法に外れ、罪なき人を悪み咎なき家を打毀ち……物品を奪ひ取り放行強盗の所為なり」「実に此騒動百姓一揆の類にあらす」(『赤蓑談』)

生徒は、これらの史料から、一揆勢には、盗みや放火などの逸脱行為をしてはならないという規範が存在していたことを読み取ることになる。このうえで、教員は「なぜ一揆勢はこのようなルールを共有していたのか」という発問を行う。そして、歴史学者のいう「仁政イデオロギー」(幕藩領主は百姓に年貢を課す一方、百姓成立を保証する責務を負う)を説明したうえで、この理念に基づいて幕藩領主の「御救」を引き出すことをねらいとするのが百姓一揆であり、そのためには、百姓としてふさわしい行動様式が求められたということを解説する。

なお、百姓一揆は、対人暴力を封印しているが、対物(家屋・家財)に対する暴力(=打ちこわし)を行ったことは確認しておきたい。ただし、強盗・放火禁止などのルールがあったこと、領主側ではなく、町人・村役人などに対するもので制裁に近かったことを強調する必要があるだろう。

■ おわりに

教育学者の溝上慎一氏は、アクティブ・ラーニング(AL)を「一方的な知識伝達型講義を聴くという(受動的)学習を乗り越える意味での、あらゆる能動的な学習のこと。能動的な学習には、書く・話す・発表するなどの活動への関与と、そこで生じる認知プロセスの外化を伴う」と定義している[7]。本時の学習は、書く(ワークシート)・話す(シンク・ペア・シェア)・発表する(ロール・

プレイ)という三つの活動が含まれているが，溝上氏が「あらゆる能動的な学習」(下線は引用者)と最広義の意味で定義しているように，どれか一つを授業内に取り入れるだけでも AL 型の授業となる。

　ただし，本稿の実践のポイントは教員の講義(「展開2」)にある。たとえば，導入のロール・プレイは，生徒がもっている誤った百姓一揆像をあぶり出すための手段でしかない。つまり，「ロール・プレイ」や「シンク・ペア・シェア」がなくてもこの授業は成り立つが，教員の説明がなくては授業が成り立たない。「活動あって学びなし」という授業にならないように，講義やまとめ・振り返りの時間をしっかりと確保したい。

【参考文献】
内田満『一揆の作法と竹槍席旗』埼玉新聞社，2017年
久留島浩「百姓一揆と都市騒擾」(『岩波講座日本歴史　第13巻　近世4』2015年)
呉座勇一『一揆の原理』筑摩書房，2015年
齋藤悦正「結集の方法　廻状・参加強制・鳴物」(保坂智編『一揆と周縁　民衆運動史1』青木書店，2000年)
須田努『幕末の世直し　万人の戦争状態』吉川弘文館，2010年
塚本学『生類をめぐる政治　元禄のフォークロア』講談社学術文庫，2013年
深谷克己『増補改訂版　百姓一揆の歴史的構造』校倉書房，1986年
保坂智『百姓一揆とその作法』吉川弘文館，2002年
藪田貫『新版　国訴と百姓一揆の研究』清文堂出版，2016年
渡辺尚志『百姓たちの江戸時代』ちくまプリマー新書，2009年

【注】
1　江戸時代中・後期の百姓一揆は，幕法の規定では「一揆」と呼ばれておらず(百姓らが武器をもち，権力と戦闘を展開するものこそが「一揆」という認識があったとされる)，「強訴」「徒党」等と呼ばれていたが，本時では便宜上，教科書でも使用されている「百姓一揆」という語を用いる。
2　ロール・プレイについては，渡部淳・獲得型教育研究会編『学びを変えるドラマの手法』(旬報社，2010年)を参照した。
3　シンク・ペア・シェアについては，栗田佳代子・日本教育研究イノベーションセンター編著『インタラクティブ・ティーチング　アクティブ・ラーニングを促す授業づくり』(河合出版，2017年)を参照した。
4　渡辺尚志(2009) p. 145
5　須田努(2010) pp. 46-47。また，家屋への放火も14件であり，ともに百姓一揆全体のわずか1％程度にすぎないという。
6　保坂智(2002) pp. 166-167
7　溝上慎一『アクティブラーニングと教授学習パラダイムの転換』(東信堂，2014年)

コラム⑦
おすすめの教育手法

杉山比呂之

　授業研究・改善をしていくなかで，専門性を磨くことは大前提として，教育手法という観点で新たなことに取り組みたい，ただ何から始めれば良いのだろうか……，という方におすすめの教育手法並びに参考文献を紹介する。

ワーク（協同学習）　ペアワーク，グループワークなどの協同学習だけでなく，ジグソー法（実践10参照）やラウンド・ロビン（ブレインストーミングの簡易版で，四～六人のグループとなり，意見やアイディアを順番に話していく手法），LTD学習法（「Learning Through Discussion」の略。話し合い学習法と呼ばれ，課題文を深く読み解くことを目指した手法）といった方法があり，教科指導のみならず学校生活全般において有用である。

　杉江修治編著『協同学習がつくるアクティブ・ラーニング』明治図書出版，2016年

リフレクション（振り返り）　PDCAサイクルのチェックの部分を授業展開に組み込むことで，セルフマネジメントを定着させる手法。振り返りシートや対話による振り返りなど授業内容に合わせた活用方法を選択することが必須である。

　横浜国立大学教育人間科学部附属横浜中学校編『思考力・判断力・表現力等を育成する指導と評価5　「見通す・振り返る」学習活動を重視した授業事例集』学事出版，2015年

シンキングツール　アイディアを可視化して考えを生み出したり，共有して考えたりすることを助けたりするツール（イメージマップやピラミッドチャートなど）である。暗記学習のイメージがいまだ根強い歴史学習において思考力を養う意味でも効果的である。

　黒上晴夫・小島亜華里・泰山裕「シンキングツール　考えることを教えたい　短縮版」NPO法人学習創造フォーラム，2012年

ライティング・ワークショップ　書き手の主体性や選択権が重視された教授法で，教員が作文技術などを教える「ミニレッスン」，学習者がテーマなどを決めて実践する「書く時間」，他者との「共有の時間」で構成される。日本史においては，論述指導や単元のまとめなどに効果的な手法である。

　ラルフ・フレッチャー，ジョアン・ポータルピ，吉田新一郎・小坂敦子訳

　『ライティング・ワークショップ　「書く」ことが好きになる教え方・学び方』新評論，2007年

速音読　教科書や歴史の文献などを，個人でもしくは他者と読み聞かせをするスタイルで，速いスピードで音読をする。「習得→活用→探究」の習得部分の知識・理解をうながすために有益である。

　齋藤孝『楽しみながら日本人の教養が身につく速音読』致知出版社，2017年

KP法　「紙芝居プレゼンテーション法」の略。Ａ４サイズの紙に，伝えたいことをシンプルに書いて，黒板やホワイトボードなどに貼りながら話をする手法。レクチャーにおける時間短縮，思考整理などが効果として認められる。

　川嶋直『KP法　シンプルに伝える紙芝居プレゼンテーション』みくに出版，2013年

看図アプローチ　絵や写真などのビジュアルテキストを用いて，イメージの変換，絵や写真内の要素の関連付けなどの学習行動を引き出すことにより，観察力・想像力・分析力などを育成する。日本史においては絵巻物や写真資料などを活用して学びをうながすことが実践報告として挙げられる。

　鹿内信善『協同学習ツールのつくり方いかし方　看図アプローチで育てる学びの力　改訂増補』ナカニシヤ出版，2015年

ホット・シーティング　クラスで輪になり，その中央に設置した椅子(ホットシート)に代表者が歴史上の人物になりきって座り，他者からの質問などに答えるドラマ技法。歴史上の人物になりきるための事前学習により歴史上の人物への関心を持たせられる。また質問スキルの向上にも適している。

　渡部淳・獲得型教育研究会編『AL型授業が活性化する参加型アクティビティ入門』学事出版，2018年

反転授業　動画教材を使って予習をさせ，教室では復習や応用，協同学習で理解を深める授業スタイル。教員が講義動画を製作することにより，予習だけではなく復習などにも活用ができ，汎用性は高い。

　反転授業研究会編，芝池宗克・中西洋介著『反転授業が変える教育の未来　生徒の主体性を引き出す授業への取り組み』明石書店，2014年

　以上，紹介した以外の教育手法も数多くある。ただし，大切なことは，手段はあくまで手段であり，「手段の目的化」に陥らないこと，そして何より目の前の生徒に即した教育手法を取捨選択して挑戦していただきたい。

実践 8

幕末・開港の影響
―相互評価をつうじて学びを深める―

小坂至道

■ 目標

　開港がもたらした日本社会への影響は、流通の混乱による物価騰貴、生活を圧迫された庶民の攘夷熱や幕政への不信感の高まり、武士らの激しい攘夷運動の展開、綿業などの国内産業への打撃など、多岐にわたる。本時の授業では、開港の社会的影響を多面的にとらえる論述に取り組ませるとともに、ルーブリックを用いて相互に採点・評価する。

　これらの活動をつうじて、ただ用語を過不足なく配置する文章作成に終始せず、みずからの理解が論理的であるか、表現の適切さはどうかなどを考える力を育成するとともに、自他を評価する視点を養い、学びあう姿勢をうながす取り組みとすることを目標とする。

■ 授業の流れ

予習（論述課題）

　課題の提示

　「開港により当時の日本社会にどのような影響がみられたか、200字程度で論述せよ。」

　上記の内容を宿題として課し、授業の数日前までに提出するように指示しておく。また、提出された課題については、次回の授業で相互に評価（採点）することも伝えておく。

　論述課題プリントの作成（教材準備）

　提出された論述文を列挙し、採点記入欄をつけたプリントを作成する。

授業展開

　導入[5分]

　・四～六人を1班としてグループをつくらせる。

　・論述課題プリントを配布する。

　展開Ⅰ[5分]

　・ルーブリックを配布し、評価基準の考え方や採点の仕方を解説する。

展開Ⅱ［25分］
- 班ごとに評価する論述文を四～五つ程度，指定する。
- 個人で評価させる。［10分］
- 班内で採点の結果やその一致度，評価の理由について話し合わせる。［15分］

評価するなかで生まれた疑問は別にまとめさせておく。

展開Ⅲ［10分］
- 各班から疑問・質問を受け，生徒が答えられるものは生徒に答えさせ，生徒たちで答えにくいものや，生徒に抜けている観点については教員が補足する。
- ルーブリックを回収する。
- 補足の時間がたりない場合は，次回の授業冒頭で復習として行う。

振り返り［5分］
授業について，下記の内容を振り返りシートに記入させ，回収する。
- 授業への参加姿勢について得点化。その理由・根拠の説明。
- 他者を評価したことによる気づきや疑問などの考察。

■ 授業実践上の要点

論述課題の作成・提出について

　本時の授業は，日米和親条約・日米修好通商条約などを結び，開港・貿易が始まるところまでを学習した後で実施するものである。政治的な流れをある程度理解したうえで，その影響が政治のみならず経済・社会（文化）の各分野に影響したことを理解し，説明できるようになることをねらいとしている。なお，「開港とその影響」（『詳説日本史』第9章）以後については，自学習できるように，空欄補充などを主体としたプリントを配布し，取り組ませている。

　論述課題を宿題として提示し，教科書・資料集をよく読み，幕府が倒れるあたりまでは見通して取り組むよう指示を出す。ただし，どう手を着けてよいかわからない生徒もいるので，「いくつかの角度から考える論述課題については，一般的に『政治・経済・文化』の3分野でどのようなことを指摘できるかを考えてみるとよい」という指示を出しておく。なお，200字程度という分量は，複数の要素を書き出すには要約せざるを得ない量であり，一方で，一つの要素だけでは十分に埋まりきらない量と考えて設定した。

　課題の提出については，ICT活用サポートサービス（筆者勤務校ではClassi）

を利用して事前に課題を配信し，生徒がそれへ回答するという形で行った。この場合，生徒の課題を文字データとして得られるので，その後の課題プリントの作成・加工が容易である。このプリントは，生徒の回答したデータをWord上に貼りつけて作成するだけであるが，なかには明らかな変換ミスなどがあるので，そのあたりは修正しておいた。

ルーブリックの作成

　定期考査などで数十人分の論述問題を採点していると，いろいろな表現の仕方に出会うなかで，最初のほうの生徒の解答をどう採点したか，何度も戻って確かめてしまう，ということがある。その点，ルーブリックを用いた評価では，採点の基準がぶれにくいのが利点である。

　ルーブリックとは，到達目標やその評価基準を示すものである。たとえば，本時では，縦軸に評価したい項目を示し，横にその達成度に応じて段階ごとに得点を付している。ルーブリックでは，評価軸・達成度ごとに，文章で具体的に評価する内容を示すので，教員の評価もぶれにくく，生徒もどのような行動・表現を求められているのかを理解しやすいのが特徴で，一般的にパフォーマンス課題の評価に適していると考えられている。

　さて，論述課題のルーブリックの作成にあたっては，実際に何人分かの採点を行い，そのときの加点・減点の判断・根拠を書き出すようにする。そうすると，おおよその採点基準がみえてくるので，そこでいったん仮のルーブリックを作成する。その仮ルーブリックに基づいて，さらに採点を続けていくと，仮ルーブリックでは判断できない要素がみつかって，判断基準を増やしたり，基準の文言をより精緻に修正したりすることができる。こうして修正したルーブリックを，生徒にもわかりやすい表現になっているかを吟味し，最終調整をして生徒に提示する。

　なお，本時のルーブリックは，多面的に要素を取り上げて論述できているかを重視しているので，複数の影響を取り上げられているか，取り上げた影響についてその内容を正しく説明できているかの二つに評価軸を絞っている。ただし，取り上げた影響ごとに評価できるように，内容の理解については複数の要素に分けた。また，生徒が相互に評価することを前提にしているので，評価表の下に解答者へのメッセージ欄を設けて，たがいの学びを励ませるよう工夫した。

　一般的な論述・小論文のルーブリックでは，誤字や脱字の有無やその程度，

書いている分量などについての評価軸を載せることが考えられるし，授業姿勢についての評価軸を載せるのもよいかと思われる。このあたりは授業の設計に関わるところであるので，普段の生徒を思い浮かべながら，授業のなかでどのような生徒像を求めるかをよく考えてつくるとよいだろう。

授業中の指示・説明
評価の仕方（展開Ⅰ）
ルーブリックをみせて，どのような評価軸があるのか，実際にどのように評価を行うかを説明する。具体的な評価の仕方は，次の通りである。
- 論述課題プリントを読み，基準1について，あてはまると考えられる評価項目のところに○をつける。とくに判断の根拠となるポイントがあれば，下線を引いたり，余白にコメントを書いたりする。
- 基準2について，どのような影響（内容）についての評価かがわかるようにメモをしたうえで，基準1と同様に○をつけたり，下線を引いたりと評価を行う。
- 評価項目ごとの点数を集計し，合計点と解答者へのメッセージを書く。

個人ワークからグループワークへ（展開Ⅱ）
論述課題の評価については，「1班のメンバーは，論述A〜Dについて評価してください」というように指示し，班ごとに指定された文について行う。最初は個人で評価を行い，その後，どのように評価したか，迷った点は何か，などを班内で共有する。この時点で評価を修正したいものは修正しておく。

なお，グループワークに際しては，司会役と発表役，記録役などを決めておくと，班ごとに発表させる際に円滑に行える。

クラス全体での疑問や評価の共有（展開Ⅲ）
班ごとに評価の共有を終えたところで，課題そのものについて内容的に理解しづらかったところや，評価の基準や仕方で迷ったところなどを各班から発表させる。他の班の生徒で答えられる者がいる場合は，その生徒に説明させ，抜けている観点や間違った説明などがあれば教員が補足・修正を行う。とくに質問などがない場合は，班ごとにもっともよいと評価した論述を発表させ，その評価の根拠を説明させてもよい。発表・補足説明など終了後，ルーブリックを班ごとにまとめて回収する。

振り返り
課題や授業への取り組み姿勢，自分が学んだことなどについて，個人的に振

り返りを行う。時間に余裕があれば，隣同士や班内で意見交換・共有をしてもよい。実際には，書いている途中で時間切れとなることが多いので，振り返りシートをあとで回収して教員が目をとおし，いくつかの気づきや意見，質問を次回の授業冒頭での振り返りに使用することが多い。

生徒の学び，教員の学び

　本時の実践は，他者に評価してもらうことを前提に，開国とその影響を多面的に論理的に説明しようという取り組みである。生徒は教員に採点されることに慣れていて，ともすれば甘える意識からか，おざなりな解答で終わらせてしまう者もいる。しかし，生徒同士で採点するとなると，恥をかきたくないという意識があるのか，比較的丁寧な字で，わかりやすく書こうという生徒が増えるようである。本時の取り組みは，この他者を意識して，伝えようとする姿勢が強まることに意味があると考えている。

　また，評価の作業をつうじて，自他の解答をより客観的に比較する視点をもち，抜けている視点に気づいて丁寧な学びを意識しだす者もいる。評価項目を

《日本史》　論述課題　採点プリント

A：政治面では，挙国的に貿易の対策を立てるため朝廷への報告を行ったことで，朝廷の権威を高め，幕政の転換の契機となった。経済面では，貿易が輸出超過により刺激を受けて物価が上昇したが，農村で発達していた錦織物業が，安価な機械によって大量生産された輸入品に圧迫された。また，金銀比価の違いによる金貨の海外流出を防ぐために行った改鋳は，物価上昇に拍車をかけ，庶民の生活圧迫となり，攘夷運動が起こる一因となった。
評価基準1　□点　／　評価基準2(1)　□点　／　評価基準2(2)　□点　／　評価基準2(3)　□点　→合計　□点

B：政治の面では阿部正弘を中心として改革を行い，その結果朝廷の権威を高め，諸大名の発言力を強めたことで幕政を転換する契機となった。経済の面では井伊直弼を中心として日米修好通商条約で神奈川などの開港で自由貿易がはじまった。輸出入額は横浜が多く，イギリスとの取引が1番多かった。輸出の量が増え，品薄になり，物価が上昇した。文化の面では，西洋から機械製造技術が伝えられ，他にも西洋文明が伝わり近代化が進んだ。
評価基準1　□点　／　評価基準2(1)　□点　／　評価基準2(2)　□点　／　評価基準2(3)　□点　→合計　□点

C：貿易では，金の海外流出での物価上昇や不平等条約により，民衆から反対され攘夷運動が高まったが，技術や文化面ではさらなる発展に繋がり，民衆に受け入れられて攘夷運動から近代化を推奨する声が高まった。
評価基準1　□点　／　評価基準2(1)　□点　／　評価基準2(2)　□点　／　評価基準2(3)　□点　→合計　□点

D：ペリーが来日し開国したことに加え，ハリスの来日で通商を迫られた際に朝廷の意向を無視したため，幕朝関係の悪化に繋がった。また不平等条約の締結により，多くの欧米諸国と横浜を中心として輸出を主に貿易が行われた。その影響をうけ物が江戸に流出しづらくなったため，江戸の物資が不足したがその反面で多くの西洋文化や技術や食文化が取り入れられてた。
評価基準1　□点　／　評価基準2(1)　□点　／　評価基準2(2)　□点　／　評価基準2(3)　□点　→合計　□点

E：経済の面においては，輸出の増加により，生糸の生産が追いつかなくなったため，生糸価格が騰貴し，米価などの物価高騰に繋がるという事態を引き起こした。また政治的な面では，幕府が外国への対処法について有力大名や朝廷に意見を求めたため，政治の場においての朝廷や大名らの発言力が強まった。文化的な面においては，外国の様々な絵画や手法が紹介され，日本文化が発展するきっかけにもなった。
評価基準1　□点　／　評価基準2(1)　□点　／　評価基準2(2)　□点　／　評価基準2(3)　□点　→合計　□点

F：ペリー来航後，挙国的に外国への対策を行おうとした結果，朝廷の権威を高め諸大名の発言を強め幕政が転換された。また経済においては開国による大幅な輸出超過で物価が上昇すると共に，安価な品の大量輸入により農村の産業が圧迫された。幕府の処置も失敗に終わり庶民の生活は圧迫され，反感を買い，攘夷運動の一因となった。また文化面では欧米諸国の文化を受け入れ軍事技術と医学を導入し，近代化を図ろうとした。
評価基準1　□点　／　評価基準2(1)　□点　／　評価基準2(2)　□点　／　評価基準2(3)　□点　→合計　□点

採点プリント

みて何を期待されているかを理解すること，評価すること自体の難しさを味わうことにも意味があるだろう。なかには，「こういう場合はどう評価したらよいか」「こういった評価軸も必要なのではないか」などと問う生徒も出てくる。評価のものさしを自分でもとう・つくろうとする動きは，生徒への期待を大きくするものである。

一方，教員にとってルーブリックの作成は，生徒に対してどのような課題内容の理解や表現を期待するのか，ということをみずからに問い直すきっかけとなる。また，生徒が実際にルーブリックを使用して評価する際に出た疑問や迷いは，教員の採点基準をより洗練させるきっかけともなる。

本時では論述課題採点用のルーブリックを取り扱ったが，生徒の授業姿勢や活動全体を俎上に載せたルーブリックを作成し，生徒に示していくことで，生徒に姿勢改善を迫ると同時にみずからの授業改善を行うことにもつながっていく。

日本史論述の評価基準（ルーブリック）		開国・貿易の日本社会に与えた影響		
〔 B 〕さんの論述				
評価		3点	2点	1点
基準1	複数の角度から，影響をとらえられているか	開国・貿易の開始が日本社会に与えた影響について，3つ以上指摘でき，その内容も政治・経済・文化など複数の分野にわたって書けている。	開国・貿易の開始が日本社会に与えた影響について，2つ指摘でき，その内容も政治・経済・文化など複数の分野にわたっている。または，2つ以上指摘できているが，その内容は特定のジャンルに限られている。	開国・貿易の開始が日本社会に与えた影響について，1つだけ指摘できている。
基準2	内容の正しい理解（1）政治	指摘している内容について，関連のある用語を因果関係を正しく理解して述べられている。例）「万延小判の発行により物価が高騰…」	用語・事実について説明しているが，因果関係などの説明が不十分である。例）「最大の貿易港は横浜で，それにより江戸の物価が高騰…」	用語や事実について説明しているが，因果関係が不明，または説明の一部に誤りがある。例）「金銀比価の違いにより，質の高い万延小判を発行し，物価が高騰…」
基準2	内容の正しい理解（2）経済	指摘している内容について，関連のある用語を因果関係を正しく理解して述べられている。	用語・事実について説明しているが，因果関係などの説明が不十分である。 間まとって…	用語や事実について説明しているが，因果関係が不明，または説明の一部に誤りがある。神奈川や．
基準2	内容の正しい理解（3）文化	指摘している内容について，関連のある用語を因果関係を正しく理解して述べられている。	用語・事実について説明しているが，因果関係などの説明が不十分である。	用語や事実について説明しているが，因果関係が不明，または説明の一部に誤りがある。
合計点 10	〔 B 〕さんの論述について，良く書けていた点，新たに気づいた点などを書き出そう。政治，経済，文化がバランスよく書けている。			
	〔 B 〕さんの論述について，こうすればより良くなるよというアドバイスをしてみよう。神奈川は実際には開港してないので，横浜だけにした方がよかった。			
※基準2（1）〜（3）は，指摘している内容ごとに評価するために分けている。			名前（　　　　　）	

ルーブリック

コラム ⑧
"場"をどうやってつくるのか？
―教員は場づくリスト!?―

杉山比呂之

「教員=ティーチャー」であるが，これからの学校における教員にはティーチャー以外にもさまざまな役割が求められてくるだろう。筆者が考えるだけでも以下のものが挙げられる。

> ① teacher(ティーチャー)：専門性を有し，生徒の学びを手助けする
> ② manager(マネジャー)：授業・クラス・校務分掌・部活などを管理する
> ③ facilitator(ファシリテーター)：学びの場をデザインして促進させる
> ④ coacher(コーチャー)：生徒の中にある答え(納得解)を引き出す
> ⑤ navigator(ナビゲーター)：生徒に対して進むべき道を示し導く
> ⑥ coordinator(コーディネーター)：外部団体や地域と学校をつなぐ
> ⑦ organizer(オーガナイザー)：学校を組織化する

さて，そのようななかでアクティブ・ラーニング(AL)をうながす日本史授業においては教室の「場づくり」が重要となる。そこで，本コラムでは「場づくり」のプロフェッショナルを「場づくリスト」と呼称して，その「場づくリスト」になるために必要なものを紹介したい。これまでの教員は①専門性を有し，生徒の学びを手助けすることが主たる役割であったが，教員に求められているスキル＆マインドが大きく変化している現在，とくに②マネジャー，③ファシリテーター，④コーチャーとして授業をデザインすることが必要不可欠である。では，一体何をすれば良いのだろうか。重要な視点は以下の三つである。

ファシリテーション まずは「ファシリテーション」「ファシリテーター」と名のつく本を一冊手に取ってもらいたい。そして，できればファシリテーション関連の研修に参加してもらえたら，授業の概念そのものがガラッと変化することは間違いない。とくにレクチャーやワークの際，これまでとは異なる視点と姿勢で生徒との関係を築く必要性を感じるだろう。ルールとリレーションのバランスを考えながら，授業の場をとらえることが大切である。

コーチング 「場づくり」を意識するようになったら，クラスの生徒たちを集団から限りなく個としてとらえられるようになる。そこで有益なのがコーチングの手法である。前述したとおり，教員に求められる役割はティーチャー以外にも多い。そこでなるべく効率的に生徒と一対一の対話をして，生徒の学びや

気づきをうながす手法としてコーチングを身に付けておくべきだろう。コーチングは授業外でも生徒指導や同僚性の構築などにおいて有益である。

チームビルディング　「AL＝グループワーク」というイメージが強いため，ALをうながそうとしてグループワークを導入する方が多い。そこで，そのグループワークを形骸化させないためにもチームビルディングを学ぶことは大切である。学校現場(教員)はチーム意識が低い場合もある。チームという視点を教員自身が養う意味でも，チームビルディングを学び，授業改善だけではなく，職員室改革，学校改革につなげていくことができるだろう。

　ただし，以上三つの視点をとり入れた結果，伝統的な一斉授業というスタイルにたどりついても決して間違いではない。それは，大切なことが"学び合い，高め合える場"を授業においてデザインすることであり，教員が「場づくリスト」の視点を有し，その場にいる生徒と共有できていれば，どのようなスタイルでも良いのである(教員と生徒との軸〈マインドセット〉の共有については実践1を参照)。とはいえ，「場づくリスト」のマインドを持つと，おのずとスタイルも生徒に合わせて変化していくと思われる。

　他にもリーダーシップや構成的グループエンカウンター(カウンセリングの一形態で，集団で行う人間関係づくりの手法)，NLP(「Neuro Linguistic Programing」の略。神経言語プログラミングという心理学の一種)など「場づくリスト」になるために学ぶべき有益なものはたくさんある。

　まずは最初の一歩を踏み出してみませんか？

【参考文献】
森時彦・ファシリテーターの道具研究会『図でわかる！すぐに役立つ！ファシリテーターの道具箱　組織の問題解決に使えるパワーツール49』ダイヤモンド社，2008年
津村俊充『プロセス・エデュケーション　学びを支援するファシリテーションの理論と実際』金子書房，2012年
伊藤守監修，鈴木義幸著『図解　コーチング流タイプ分けを知ってアプローチするとうまくいく』ディスカヴァー・トゥエンティワン，2006年
堀公俊『チーム・ファシリテーション　最強の組織をつくる12のステップ』朝日新聞出版，2010年

実践 9

風刺画の調理方法
—第一次世界大戦—

……………………………………………………………… 杉山比呂之

■ 目標

 「日本史を学ぶ」と「日本史で学ぶ」の視点で目標を設定している(実践1参照)。

 「日本史を学ぶ」視点では,以下の3段階のルーブリック(学習到達度を示す評価基準を観点と尺度からなる表として示したもの)を提示している。

①第一次世界大戦において,日本が連合国として参戦し,おもに中国における利権を得て国際的な立場を強めようとしたことを知る。

②第一次世界大戦において,二十一カ条の要求やそれにともなう中国の民衆の反発などを理解する。

③第一次世界大戦において,日本が大陸への勢力の拡張をねらった理由を,国内の経済発展などから考察する。

 「日本史で学ぶ」視点では,風刺画の読み取り・資料活用をつうじた想像力・思考力の育成と,他者との協働作業をつうじた演劇的手法の一つであるフリーズ・フレーム(静止画)によって表現力を育むことを目標とする。

■ 授業の流れ

 以下の流れで授業を展開する。月に1回,学期に1回程度を目安とした復習を兼ねたイベント型授業である。とくに「協働」「表現」の部分でのアクティブ・ラーニング(AL)を本時では強調したい。

共有[5分]　紙芝居プレゼンテーション法(KP法)による解説
第一次世界大戦の概観を再確認／本日の流れを共有／風刺画について／フリーズ・フレームについて

協働[20分]　舞台稽古(グループワーク)
風刺画(台本)を各チームに配付／各チームが風刺画を読み込み舞台稽古／ナレーター役が風刺画の解説準備

表現[20分]　演劇第一次世界大戦(フリーズ・フレーム)
演劇的手法を活用して,第一次世界大戦を演じて当時の時代背景を解説

内省［5分］　振り返りタイム
チーム内で別チームの演劇を批評（コメンテーター）して全体把握をうながす

■ 実物資料をどう調理するか

　歴史学習において，実物資料（本稿では一次資料と二次資料の両方を指す）をいかに調理して生徒に提供するかは，まさに教員の醍醐味であり，重大な役割であるといえる。広告や新聞，風刺画はもちろん，現代にも残る建造物や絵画など，"本物"をどう調理するか。そのまま生徒に提供するのもよし，一部分のみを切り取って提供するのもよし，こちらがワークや設問形式に調理して提供するのもよし，まさにその調理方法は無限の可能性を秘めている。また筆者自身は日本近現代史を専攻し，10年以上の教員経験を経て実物資料の有益性を体感し，はたまたその危うさも実感している。そこで，本実践では第一次世界大戦の単元で風刺画の活用方法の一例を提示しつつ，実物資料の可能性を改めて考えていきたい。

■ さまざまな素材と調理方法

　本実践では実物資料活用の一例として，フリーズ・フレームという一人あるいはグループで身体を使って，あるイメージを写真のように表現する演劇的手法を活用した実践を以下で紹介するが，筆者自身は最初からこの手法を用いていたわけではない。筆者はこれまで各時代において，できる限り多くの実物資料を活用し，さまざまな調理方法を試してきた。たとえば，各時代においては以下のような実物資料と調理方法がある。

【原始・古代】土器（縄文土器・弥生土器）・石器（打製石器・磨製石器）・呪術的遺物（土偶・埴輪）など：レプリカ資料を用いて，生徒にその用途や意味を考えさせる。ただし，「これは何？」「実は……」を連発する暴露型授業におちいらないようにすること，また，導入で活用することが多いため，展開・まとめと結びつく活用方法となるように配慮する必要がある。

【中世】歴史書（『愚管抄』『吾妻鏡』）・絵画（絵巻物・肖像画）など：歴史書については，史料読解のワークとして生徒に提供する。また，絵画は大型図書などからコピーをとり，生徒にストーリーを考えさせる。とくに，絵巻物においてはジグソー法[1]を活用して，その時代背景や内容を読み取らせることも可能である。

【近世】建造物・農具・貨幣の写真や模型など：近世になると比較的現代に残る実物資料も多いため，実際に筆者が現地に足を運んで撮影した写真や模型など

から授業を展開する。とくにそれらの写真などを看図アプローチ[2]やヴィジュアル・シンキング・ストラテジーズ(VTS，対話による鑑賞)で読み取らせることは有益な方法の一つである。

【近代】戦争関係の実物資料(軍服・軍事郵便・召集令状)，映像資料など：近代においては日本からの視点だけでなく世界からの視点も加えて，これまで以上に多様な視点で授業を展開していくことが不可欠である。そのうえで，各国の戦争関係の実物資料を用意し，その違いなどを比較・考察するだけでも深い学びへとつながっていく。また映像資料も多く存在するため，むしろ豊富な教材の取捨選択をどうするかが鍵である。

【現代】昭和・平成期の家電製品など：現代の生徒はいわゆる黒電話やポケベルであってもほとんど手にしたことがない，場合によってはみたこともない世代である。そのような実物資料を提示し，当時の時代背景を討論させたりするだけでも十分価値がある。

　以上，ほんの一端であるが，日本史の実物資料は数多く存在し，調理方法はその何十倍もある。なかでも，筆者はこれまで近現代史において風刺画・新聞・漫画などを活用した授業を積極的に展開してきた。しかし，当初はどうしても資料の読み取りという手法が中心になってしまい，教員にとっても生徒にとっても単調な授業展開になっていた。そこで，筆者は調理方法の引き出しを増やすため教育手法を学び，その過程で演劇的手法に出会い，実物資料の活用に取り入れることとした。

■ 風刺画をフリーズ・フレームで調理する

　設定としては，第一次世界大戦後までの政治史の授業を終えたうえでの復習を兼ねたイベント型授業である。いわゆるAL型授業を毎回行うのはハードルが高いという先生にも，月に1回，学期に1回程度であれば実施をしやすいと考える。

共有[5分]　KP法による解説

　第一次世界大戦前後の概観を復習したうえで，本日の授業展開を共有し，風刺画とフリーズ・フレームについて簡単に解説をする。あくまで授業展開の共有がメインとなるため，KP法にこだわらず，板書やプリント，PowerPointなどを利用するのもよい。

協働[20分]　舞台稽古(グループワーク)

　1チーム五～六人のグループ(合計6チーム)を編成し，各チームに台本とな

る風刺画(説明文付き)を1枚ずつ配付する。本時においては，生徒一人ひとりに以下の役割を分担した。

> ①座長(一人)：舞台発表全体の統括(ファシリテーター)
> ②演出(二人)：台本を舞台発表に落とし込むために，教科書・資料集・インターネットなどを活用して，台本にオリジナリティを出す。
> ③ナレーター(一人)：フリーズ・フレームでの舞台発表の際，その風刺画の具体的な解説をする。
> ④出演者(一人〜)：①〜③の役割についていない生徒は全員出演者となる。
> ※コメンテーター(全員)：他チームの発表を振り返り時に批評するため，誰がどのチームのコメンテーターとなるか一人×1チームを基本として分担する。

役割分担

　以上の役割分担を決定したら，台本となる風刺画を読み込みつつ，舞台稽古を開始する。いかに①座長が統括しつつ，②演出が風刺画を読み込んで台本を再構成し，③ナレーターがその再構成された台本を他のチームに伝わるようにプレゼンテーションができるか，そしてそれらをふまえて④出演者が表現できるかが鍵である。そのためには，授業における安全・安心の場(生徒が相互承認をして意見などを気兼ねなく言い合える空間)の確保，明確な指示出し，本時のねらいを生徒に共有して，「なぜフリーズ・フレームを活用するのか？」を生徒に納得させることが大切である。もちろん，フリーズ・フレームなどの演劇的手法に固執することはないが，本時は演劇的手法のなかでは比較的ハードルが低く，なおかつ「風刺画の活用」との相性の良さから採用した。

　また，ここでもっとも大切なことはどの素材，つまりどの風刺画を選択する

①「**沸点**」(ユニフォトプレス)

②「**ならず者第7号**」(*Lustige Blätter*, 1914)

③「**臭い獣**」(*Le Rire*, 1915)

実践9　風刺画の調理方法

④「大隈の望み」(Simplicissimus, 1915)

⑤「日露同盟」(Simplicissimus, 1916)

⑥「将来の戦争の種」(Chicago Tribune, 1920)

かということである。筆者は，本時において以下の風刺画を生徒に提示した。
①バルカン半島に各国の利害対立が重なる危険な様子（イギリス）
②7番目の参戦国である日本兵が膠州に手をのばす様子（ドイツ）
③ドイツによる初の近代兵器（毒ガス）使用の様子（フランス）
④二十一カ条要求により日本が先祖（猿）の文化に立ち帰る様子（ドイツ）
⑤日露同盟を表現した，やせ衰えた熊（ロシア）と日本兵の様子（ドイツ）
⑥国際連盟加盟国の指導者が，戦争の種を蒔く様子（アメリカ）

　以前は，本単元において和田邦坊作「成金」など教科書にも掲載されている代表的な教材を活用して授業を展開していた。

「成金」（灸まん美術館）

　しかし，近現代史は実物資料の宝庫である。そこで，なるべく生徒がみたことのない新たな生徒の学びにつながるような素材を選んだ。また，その組み合わせも大切であり，本時では第一次世界大戦開戦前から終戦後までを時系列かつ多面的な視点で復習できるような素材を選択した。

表現[20分]　演劇第一次世界大戦（フリーズ・フレーム）

　舞台稽古を終えると，いよいよ各チームの発表となる。教員は事前にグラウンドルールとして「鑑賞のマナー」（傾聴姿勢など）を告げて，発表時間（最大2分間）と発表順番（時系列）を伝える。本時においては，フリーズ・フレームによる発表が大切なことはもちろんであるが，とくにナレーターの解説が肝になるため，円滑な進行を心がけつつ合計6チームの舞台発表を実施した。しかし，

恥ずかしさから自分らしさを出せない生徒も少なくない。そういった場合には，教員がデモンストレーションをするのが効果的である。筆者は「成金」のイラストを活用して，成金になりきってデモンストレーションを行い，安全・安心の場を確保した。

内省［5分］　振り返りタイム

　演劇的手法を用いると，いわゆる「楽しく」授業を終えることができる。しかしながら，ただ楽しいだけで終わりにしてはならない。そこで，舞台発表終了後，各チームで他チームの演劇を批評しあう振り返りの時間を設けて，内容の整理と全体の把握をうながす。その際，コメンテーターが責任をもってその役割をはたすために，各チームへのコメントカードを用意したり，コメントの時間を区切るなどの工夫をする。

　以上の授業展開で，生徒たちはこれまでにない第一次世界大戦に対する視点を得て，風刺画をつうじて歴史学習に対しての当事者意識が強まった。また，演劇的手法を用いたことにより，歴史学習への興味関心も高まり，その後の通常授業のモチベーションの向上にもつながったように感じる。

■ 大学入試を言い訳にしない授業設計

　「でも，大学入試を考えるとこういう授業はなかなか……」。ここまでお読みになった方の大半はそのように感じるだろう。現に，筆者の勤務校は付属高校であり，大学受験にとらわれない授業設計がしやすい環境にあるのは確かである。しかしながら，2020年，間違いなく大学入試は変化をするし，何より現代社会が求める人物像が変化していることはいなめない。そのようななかで，私たち歴史教育者は歴史学の醍醐味をいかに次世代につなげるかという使命の一端をになっている。そこで，実物資料という次世代にとって身近に感じやすい素材を上手に調理することで，現代社会に求められている人材を育成する一助となるのではないだろうか。

　毎時間，本時のような授業を展開する必要はない。しかし，目の前の生徒にとって「日本史を学ぶ」ことはもちろん，「日本史で学ぶ」ことを意識づけながら，「主体的・対話的で深い学び」をうながすことが必要不可欠である。本実践もあくまでその一例である。大学入試を言い訳にしない授業設計を，今後も全国の先生方とともに学び合っていければ幸いである。

【参考文献】
飯倉章『第一次世界大戦史　諷刺画とともに見る指導者たち』中公新書，2016年
茨木正治『おもしろい世界の風刺画』オークラ出版，2016年
渡辺賢二『広告・ビラ・風刺マンガでまなぶ日本近現代史』地歴社，2007年
渡部淳・獲得型教育研究会編『学びを変えるドラマの手法』旬報社，2010年

注
1　協同学習の一つで，各自が別の課題に取り組み，班の構成員がそれぞれ課題を分担して学習したあと，それぞれの成果を持ち寄って課題の全体像を解く手法。
2　絵図を看とり，それについて文章を書いていく手法。

コラム⑨

「グローバル・ヒストリー」を理解するためのブックガイド

渡辺裕一

　2018年3月に「高等学校学習指導要領」が告示され，新たな必履修科目として「歴史総合」が新設されることになった。これは，「世界とその中における日本を広く相互的な視野から捉えて」「現代的な諸課題の形成に関わる近現代の歴史を考察」する科目である。新科目創設の背景の一つには，従来の高校歴史教育が「日本史」と「世界史」に分断されていたために，「世界史から切り離して一国史的に日本史を学ぶ傾向[1]」にあったことがあげられる。「日本史」と「世界史」の統合は，グローバル化が進んだ現代社会において，生徒の歴史認識形成に必要なことと言えるだろう。

　では，「日本史」と「世界史」をどのように統合させれば良いのであろうか。「歴史総合」では，中学校の教科書でよく見受けられるような日本史と世界史の記載が交互に繰り返されるような近現代史ではなく，国や地域を越えた総合的・統一的な近現代史の叙述が必要とされている。たとえば，「近代世界システム論」や，近年隆盛している「グローバル・ヒストリー[2]」などのグランドセオリーを軸とした歴史叙述である。

　しかし，歴史学者の桃木至朗氏によれば，「『グローバル・ヒストリー』を語るのは大半が西洋史の教員」［傍点引用者］であり，一次史料に基づく「実証」を重視する歴史研究（特に日本史研究）においては，このようなグランドセオリーにもとづく歴史叙述は「実証を経ない空理空論」と忌避する傾向にあるという[3]。教育現場においても，世界史の教員よりも，日本史の教員の方が国や地域を越えた総合的・統一的な歴史叙述というものに馴染んでいない場合が一般的と思われる。そこで，この歴史叙述の当否は横に置いて，世界を大きくとらえるような叙述をしている書籍として代表的なものをここで紹介したい（紙面の都合上，基礎的文献のみを取り上げる）。

　まず，世界を一体のものと考える「グローバル・ヒストリー」については，**水島司『グローバル・ヒストリー入門』**(世界史リブレット127，山川出版社，2010年)がわかりやすい。次に，高校の世界史教科書のコラムなどで部分的に取り上げられているグローバル・ヒストリーの内容を，通史的につなげて読むために書かれているのが，**北村厚『教養のグローバル・ヒストリー　大人のた**

めの世界史入門』(ミネルヴァ書房, 2018年)である。大学の教養課程向けの教科書として書かれた，**大阪大学歴史教育研究会編『市民のための世界史』**(大阪大学出版会, 2014年)は，「全世界の主要地域に目配りするが，アジア，とくに東アジアに重点を置き，簡単ではあれ日本史を完全に組み込んだ叙述を主眼」としており，「歴史総合」を先取りしていると言えよう。

グローバル・ヒストリーは，「国家を単位とする歴史から地球大の歴史への移行を目指すものであるが，国家と地球の間の空間である地域にも着目する[4]」。ここでは，海からの視点をキーワードにより広くアジア全体をとらえた著書として，**桃木至朗編『海域アジア史研究入門』**(岩波書店, 2008年)をあげておく。

ウォーラーステインの「世界システム論」は，世界史教員であれば誰でも知っている理論である。この理論は，「ヨーロッパ中心史観」に近いという批判もあるが，ヨコのつながりを重視し，南北問題をはじめとするアクチュアルな問題を理解するうえで未だに有効だと筆者は考えている。これについては，**川北稔『世界システム論講義　ヨーロッパと近代世界』**(ちくま学芸文庫, 2016年)が入門編としてとてもわかりやすい。

最後に，「世界がひとつであることを前提とし」，「人々に『地球市民』という新たな帰属意識を与える」ための世界史を構想する研究者による「思索の中間報告」である，**羽田正『新しい世界史へ　地球市民のための構想』**(岩波新書, 2011年)をあげておく。

注

1 日本学術会議　史学委員会　高校歴史教育に関する分科会「提言『歴史総合』に期待されるもの」(2016年5月16日)より引用。
2 「グローバル・ヒストリー」の特徴については，提唱者の一人である水島司氏が次の5点にまとめている(水島2010)。(1)長期的な歴史的動向をあつかうこと，(2)広域の地域に着目すること，(3)ヨーロッパ中心史観を克服しようとすること，(4)世界の異なる諸地域の相互連関，相互の影響を重視すること，(5)従来の歴史学ではほとんど取り扱われてこなかったテーマ(疫病，環境，人口，生活水準など)をあつかうこと。
3 桃木至朗「現代日本の『世界史』」(秋田茂ほか編著『「世界史」の世界史』ミネルヴァ書房, 2016年)
4 水島司「グローバル・ヒストリー研究の挑戦」(水島司編『グローバル・ヒストリーの挑戦』山川出版社, 2008年) p. 15

実践 10

『ちびまる子ちゃん』の設定は何年頃か？
—ALで「近代家族」の理解を目指す—

渡辺裕一

目標

　高度経済成長期に，「家業の存続のために一家総出で働く」という家族モデルから，「夫は仕事，妻は家事・子育て」という戦後家族モデル(「近代家族」)へと転換したこと(後に変容)を，資料の分析などをつうじて理解する。また，家族や結婚の形態は，(経済的な生活基盤に応じて)時代とともに変化することを理解する。

授業の流れ

　本時の授業は，以下の「導入」から「まとめと振り返り」までを50分で実施することを想定している。なお，この授業は，高度経済成長期・低成長期・ゼロ成長期(1990年代初め〜)などの一連の学習を終えた後に，戦後経済史を概観する時間として位置づけている。

導入[5分]
- 『ちびまる子ちゃん』の「さくら家」の家族構成を紹介し，この作品の時期設定がいつ頃かを生徒に予想させ，その答えをワークシートに書かせる。
- 「ホームチーム」をつくらせ，各メンバーに，それぞれ異なる資料を配る。
- 知識構成型ジグソー法の進め方について確認する。

展開1[15分]＝エキスパート活動
- 「ホームチーム」のメンバーを資料別に三種類の「専門家チーム」に分ける。「専門家チーム」ではまず，生徒は各自で，それぞれのチームに与えられた資料を読み取り，その内容や意味を考える。その後，チーム内で共有・議論し，その結果をワークシートに記載する。
- 読み取り後，なぜそのような事象が起こったのかなどの仮説を，それぞれの「専門家チーム」で立てる。また，その結果をワークシートに記載する。

展開2[15分]
- 生徒は「ホームチーム」に戻る。そして，さきほどの「専門家チーム」のエキスパート活動で理解した内容や仮説をそれぞれ説明する。聞いている

生徒は,それぞれの専門家の発表内容をワークシートに記載していく。
・それぞれの知識を組み合わせたうえで議論し,『ちびまる子ちゃん』の時期設定の答えを導き,ワークシートに記載する。

展開3[5分]
・代表の班を1〜2班選び,答えと根拠をクラス全体に向けて発表させる。

まとめと振り返り[10分]
・時期設定について,自分の答えと根拠をまとめる。授業の振り返りも行う。

手法—知識構成型ジグソー法を活用した学習—

本時は,「知識構成型ジグソー法」を用いた授業である。ジグソー法は,もともと1970年代にアメリカで白人・黒人・ヒスパニックといった異なる集団の協調関係を深めることを目指して開発された手法である。この仕組みを活用し,知識構成に焦点化して開発されたものが,「知識構成型ジグソー法」[1]であり,アクティブ・ラーニング(AL)型授業の有名な手法の一つである。

知識構成型ジグソー法は,以下のような手順で行われる。

⓪教員は「問い」を設定する。このとき,いくつかの「情報=ジグソーパズルのピース」を組み合わせることで解ける問いになるように設定する。
①三〜六人のグループをつくる。このグループを「ホームチーム」とする。
②生徒は,「問い」に対して一人で思いつく答えを書く。

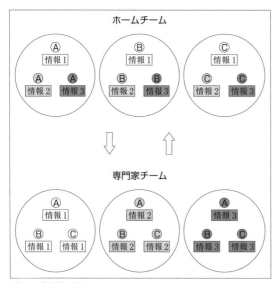

グループ編成の例

③教員は,「ホームチーム」の各メンバーに,それぞれ異なる情報を配る。
④生徒は「ホームチーム」を離れ,同じ情報をもった,別のホームチームメンバーとともに「専門家チーム」(三〜六人)をつくる。このグループで,その資料に書かれた内容や意味を話し合い,グループで理解を深める。なお,この活動をエキスパート活動という。

⑤「専門家チーム」を解き，生徒は再び「ホームチーム」に戻り，さきほどのエキスパート活動で理解した内容を説明する。同時に，メンバーから他の資料についての説明を聞き，自分が担当した資料との関連を考えるなかで，理解を深めていく。理解が深まったところで，それぞれのパートの情報（ジグソーパズルのピース）を組み合わせ，最初に設定された「問い」への答えをつくる。

⑥答えが出たら，その根拠もあわせてクラスで発表する。たがいの答えと根拠を検討し，自分のまとめを吟味していく。

⑦最初に設定された「問い」に一人で向き合い，自分の答えを記述する。

授業展開のポイント－「近代家族」の教材化－

教材化のねらい

社会学でいう「近代家族」という概念は（あいまいかつ多義的で定義しづらいものであるが），単純化していうならば「親の家から経済的に自立し，夫は外で稼ぐための労働をし，女性は自宅で家事や育児に専念するというかたち」（筒井2016）をいう。日本では，近代家族が一般化したのが，1970年前後の比較的短い時期で，その後，低成長期に入り，少しずつ変容していった（つまり，長い歴史のなかでの一時的な現象にすぎない）といわれる。

しかし，われわれが「家族」といったときに思い浮かべるのは，この近代家族のイメージである。1998年版の『厚生白書』にも夫婦と子ども二人の「標準世帯」という言葉が登場し，いわばその形が「家族の標準型」として扱われていた。一方，共働き世帯においても妻が中心に家事を行っている家庭が多かったり，高度経済成長期に広がった「三歳児神話[2]」が未だに当然と考えられていたりするなど，固定化された家族像がさまざまな問題を引き起こしている。また，80年代以降，「家庭教育」のあり方が盛んに論じられるようになるが，その主張のなかには，未だに近代家族像を投影しているかのような意見も散見される。

そこで，この固定化された家族像を相対化することをねらいとして教材化したのが，「『ちびまる子ちゃん』の時期設定を予想する」という授業である。この授業のポイントは，作中の「文化（風俗）や経済などの情報」から時期を予想するのではなく，「家族に関する情報」のみから予想するという点にある。『ちびまる子ちゃん』を素材とする理由は，国民的漫画で生徒の認知度も高いという理由のみならず，本作品が，子どもが二人姉妹，母は専業主婦（父の仕事は

漫画では不明3)，父母は恋愛結婚，少人数家族（六人家族）……など典型的な「近代家族」の特徴をもっているからである。実際，この作品の時期設定は，作者の故さくらももこ氏が静岡県清水市で過ごした1974年から1975年のことであり，まさに「近代家族」が一般化した頃なのである。

本時における「ジグソーパズルのピース」とは？

　生徒は，知識構成型ジグソー法を用いて，『ちびまる子ちゃん』の時期設定が，近代家族が一般化した時期であることを理解していく。本時は三種類の「専門家チーム」に分かれて検討し，その情報を「ホームチーム」にもち寄り，そこで議論をして最終的に『ちびまる子ちゃん』の時期設定を予測していく。
　以下，資料の内容を紹介する。

専門家チーム①…「まる子のお母さんはいつ頃の人か？」（専業主婦の一般化）
　この専門家チームは，三つの資料から以下の点を読み取り，「専業主婦が一般化する1970年代前半の可能性が高いのではないか」と予想していく。
【資料1】「日本における年齢別女子労働力率の変化」
　・女性の労働力率がM字型を描く（＝結婚・出産時に労働力率が低下する）ようになるのは高度経済成長期に入ってからのことである。
【資料2】「女性の労働力率（％）の推移（25〜39歳）」
　・女性の労働力率は高度経済成長期に入るとともに下降していき，1975年を境に再び女性の労働力化が進んでいく。
【資料3】「男性実質年間収入変化の推移」
　・1973年にオイルショックが起こり，74年に戦後初のマイナス成長を記録した。これ以降，日本は低経済成長の時代に入る。これにより，「専業主婦」の前提となる，高い経済成長と夫の給与所得の上昇が崩れていく。

　この読み取りを経たうえで，生徒は「専業主婦の一般化の原因」の仮説を立てる。なお，この原因には，高度経済成長期に農家・自営業世帯の減少（家業に従事する女性の減少），サラリーマン世帯化と所得水準の向上（夫の給料のみで妻と子を扶養できる）がある。一方，その後は，第三次産業への転換のなかで女性事務職の雇用が拡大したこと，低成長期に不足する家計を補うために多くの女性がパート労働に従事するようになったことなどにより，専業主婦が減少している。つまり，70年代前半が「専業主婦の全盛期」なのである。

専門家チーム②…「まる子の父母はいつ頃に結婚した？」（恋愛婚の増加）
　この専門家チームは，三つの資料から以下の点を読み取り，「まる子の父母

の結婚は，恋愛結婚が増加していく頃ではないか」と予想していく。

【資料4】「結婚年次別にみた，恋愛結婚・見合い結婚構成の割合」
- 1960年代後半に恋愛結婚と見合い結婚の割合が逆転し，1970年頃に恋愛結婚の割合が半数を超える。

【資料5】「日本の配偶者選択の推移」
- 「伝統的」アレンジ婚（出会いも結婚決定も親が行う）の割合が時代とともに大幅に減少していき，「近代的」恋愛婚（出会いも決定も自分たちで行う）の割合が上昇していく。

【資料6】「産業（3分類）別就業割合（1920～2010年）」
- 産業構造の変化でサラリーマン世帯が増大する。すなわち，家族ぐるみで働き，生計をたててきた農業や家業経営が減少していく。

この読み取りを経たうえで，生徒は「恋愛婚増加の原因」の仮説を立てる。なお，この原因には，資本主義の発展・産業構造の高度化にともない，経済活動の拠点が「家」から企業に移ることで，「家」制度の特徴である家長の決定権や家督の管理権が実質的に崩れていったことが大きい（もちろん，1947年の民法改正による「家」制度の廃止も大きな要因である）。雇用労働に就く人が増えれば，子どもが経済的に親の家から自立するようになるため，恋愛婚も増えるのである。

専門家チーム③…「まる子・さきこ姉妹はいつ頃の姉妹？」（「二人っ子革命」）

この専門家チームは，三つの資料から以下の点を読み取り，「二人姉妹（兄弟）が一般化する70年代以降の可能性が高いのではないか」と予想していく。

【資料7】「妻の出生児割合および平均出生児数」
- ほぼ五人で推移していた平均出生児数が変化し始めるのは1960年次調査からであり，70年代調査には二人台に急落する。
- 二人以上の出生児数割合が50％を超えるのは，1982年に45～49歳になるコーホート（世代）である（実際，1982年に，まる子の母親は48歳）。

【資料8】「未婚化・晩婚化・晩産化・少産化・理想子ども数」
- 1970年代半ばから始まる日本の少子化は，未婚化の影響が大きい。
- 一方，子ども数は二～三人が望ましいとされていて，調査が開始された1977年から現在まで大きく変化していない。

【資料9】「教育費の家計に占める割合の変化」
- 子どもの数が抑えられた原因の一つに，教育費のコストの上昇がある。な

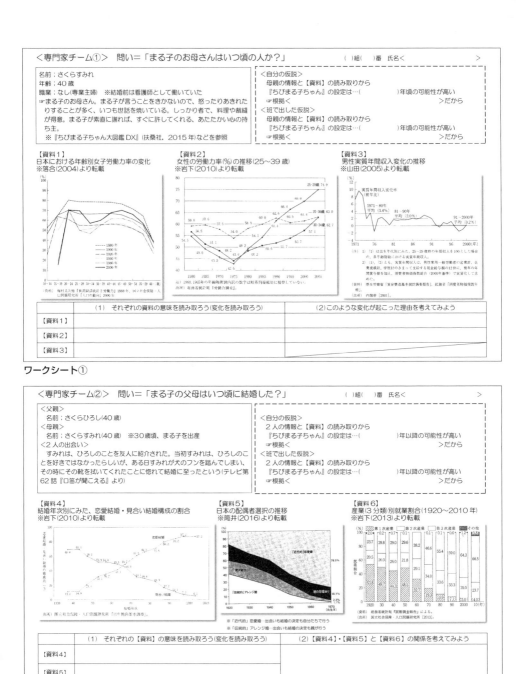

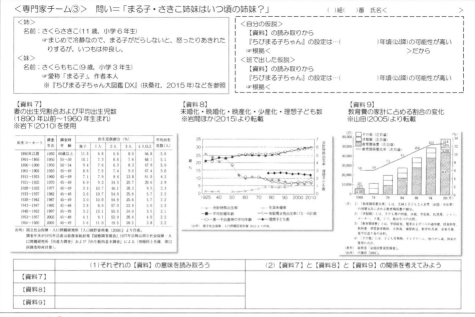

	(1)それぞれの【資料】の意味を読み取ろう	(2)【資料7】と【資料8】と【資料9】の関係を考えてみよう
【資料7】		
【資料8】		
【資料9】		

ワークシート③

お,高等教育の教育費を親が負担するという構造は,現在も続いており,低成長の中で家計を圧迫しているため,少子化の原因にもなっている。

この読み取りを経たうえで,生徒はその原因に関する仮説を立てる。なお,「二人っ子革命」と呼ばれるような出生率の低下が起きた原因にも,産業構造の高度化がある。つまり,農業社会の頃のような「労働力としての子ども」が不要になったためである。一方,産業構造の転換は,労働者の学歴水準の高度化をもたらし,教育費などのコストも上昇させる。そのなかで,子どもの数を二～三人におさえるようになったと考えられている。

■ おわりに

教育学者の溝上慎一氏は,アクティブ・ラーニング(AL)においては,「個－協働－個」「内化－外化－内化」の学習サイクルをつくることが重要であると指摘している[4]。本時も,「個(ワークシートに設定時期の予想を書く,専門家チームに分かれた後にまずは一人で考えてみる)－協働(グループワークや発表)－個(振り返り,設定時期の答えと根拠をまとめる)」というサイクルになっている。この時間の学習評価は,その過程を記述してあるワークシートをもとに,教員が行う。なお,本時は50分の授業を想定しているが,少し慌ただし

いため，授業を2回に分けたほうが余裕をもって展開することができるかもしれない。

　日本史の授業では，どうしても「木をみて森をみず」になってしまい，時代の全体像をつかませることが難しい。今回の授業は，戦後経済史の大枠をつかませる点でも有効だと考えている。

【参考文献】
岩上真珠「高度成長と家族」(大門正克ほか編『高度成長の時代2　過熱と揺らぎ』大月書店，2010年)
岩上真珠『ライフコースとジェンダーで読む家族　第3版』有斐閣，2013年
岩間暁子・大和礼子・田間泰子『問いからはじめる家族社会学　多様化する家族の包摂に向けて』有斐閣，2015年
落合恵美子『21世紀家族へ　家族の戦後体制の見かた・超えかた　第3版』有斐閣，2004年
千田有紀『日本型近代家族　どこから来てどこへ行くのか』勁草書房，2011年
筒井淳也『結婚と家族のこれから　共働き社会の限界』光文社新書，2016年
宮下さおり・木本喜美子「女性労働者の一九六〇年代」(大門正克ほか編『高度成長の時代1　復興と離陸』大月書店，2010年)
山田昌弘『迷走する家族　戦後家族モデルの形成と解体』有斐閣，2005年

【注】
1　知識構成型ジグソー法については，「東京大学　大学発教育支援コンソーシアム推進機構(CoREF)」のホームページ(http://coref.u-tokyo.ac.jp/　最終閲覧日：2019年1月8日)，三宅なほみ他「学習者中心型授業へのアプローチ　知識構成型ジグソー法を軸に」(『東京大学大学院教育学研究科紀要』51，2011年)を参照した。
2　「三歳までは母親が子どもを育てるべきで，そうしないと子どもに悪影響を与える」というもの。1998年版の『厚生白書』では「合理的な根拠は認められない」としている。
3　さくらももこ氏の実家は八百屋であったが，アニメにその描写はない。そこで，授業における設定は，父親の職業は「不明(サラリーマン？)」とした。
4　溝上慎一『アクティブラーニング型授業の基本形と生徒の身体性』(東信堂，2018年)

おわりに

　さて，本書に掲載された先生方の授業内容をお読みになった感想はいかがでしょうか？　今後の授業改善への参考に出来そうでしょうか？

　「主体的・対話的で深い学び」あるいは「アクティブ・ラーニング」，このような言葉だけが一人歩きしているようにも思われます。実際にアクティブ・ラーニングという言葉に批判的な意見を聞くこともあります。

　まずは一人歩きしている言葉に惑わされずに，みなさんの目の前にいる生徒が社会に出たときに困らずに生きていける力を身につけるための手伝いを，僅かでもご自分の授業で出来るように工夫してみてはいかがでしょうか？

　さて，次の文章は編者の一人の体験を通した考えです。

　小学生の頃，古代エジプト展を見たことと伝記をたくさん読んだことが歴史に**興味**を持つきっかけでした。

　さらに**関心**を持つようになったのは高校時代，放課後に行われた世界史の講習の時間でした。担当の教員は単に問題の解答解説だけではなく，そこからたくさんの問題を派生させ，さまざまな**質問**をしてきました。ついていくには事前に**調べていくこと**が必要となり鍛えられました。

　大学時代，西洋古代史のゼミを選択。古代エジプトを研究対象と考えて入学したものの，大学で学ぶうちにすっかり古代ギリシアや古代ローマの時代に魅了されました。**講義も面白かった**のですが，ゼミの時間や講義後に先生方の研究室を訪ねて，**歴史についての話をすること**が何より楽しかったように思います。大学卒業後もしばらくは先生方の研究室を訪ねては歴史談義，場所を変えてお茶を飲みながらまた歴史談義。特に**卒業後，先生方との対話により，在学時まで漠然としていた内容が腑に落ちるようなこと**が多く感じられました。

　教員になると，ひたすらチョーク＆トークの授業を展開し，エピソ

ードを話すことで歴史の面白さを生徒に伝えようとした日々でしたが，振り返ってみると，興味・関心を持ち，学び続けられたこと，ゼミの仲間や先生方との対話，そのことにより深まりを見せたこと，そしてそのことを振り返ることが出来たこと，自分が経験してきたものが，**主体的・対話的で深い学び**ではないかと思い始めています。

　本書の作成にあたっては少しでも変わろうとしている全国の先生方の存在が欠かせません。これまで関わりを持つことが出来た先生方をはじめ教育に携わる方々に感謝申し上げます。特に本書をはじめさまざまな悩みに的確な助言をいただけた福岡県教育センターの宮原清先生，リクルートマーケティングパートナーズ『キャリアガイダンス』編集長・山下真司氏に感謝申し上げます。最後に，雑談から飛び出たこの企画を形にしていただけたことを，編集に携わっていただいた全ての方々に心から感謝申し上げます。

編　者

アクティブ・ラーニングに関するおすすめの書籍

川嶋直・皆川雅樹編著『アクティブラーニングに導くKP法実践 教室で活用できる紙芝居プレゼンテーション法』みくに出版, 2016年
教職員支援機構編著『主体的・対話的で深い学びを拓く アクティブ・ラーニングの視点から授業を改善し授業力を高める』学事出版, 2018年
慶應義塾大学教養研究センター監修, 新井和広・坂倉杏介著『グループ学習入門 学びあう場づくりの技法』慶應義塾大学出版会, 2013年
小山英樹・峯下隆志・鈴木建生『この一冊でわかる！アクティブラーニング』PHP研究所, 2016年
鹿内信善編著『協同学習ツールのつくり方いかし方 看図アプローチで育てる学びの力』ナカニシヤ出版, 2013年
杉江修治編著『協同学習がつくるアクティブ・ラーニング』明治図書出版, 2016年
田尻信壹『探究的世界史学習の創造 思考力・判断力・表現力を育む授業作り』梓出版社, 2013年
多田孝志『対話型授業の理論と実践 深い思考を生起させる12の要件』教育出版, 2018年
津村俊充『プロセス・エデュケーション 学びを支援するファシリテーションの理論と実際』金子書房, 2012年
内藤圭太『単元を貫く「発問」でつくる中学校社会科授業モデル30』明治図書出版, 2015年
長尾彰『宇宙兄弟「完璧なリーダー」は，もういらない。』学研プラス, 2018年
永松靖典編『歴史的思考力を育てる 歴史学習のアクティブ・ラーニング』山川出版社, 2017年
日本教育方法学会編『アクティブ・ラーニングの教育方法学的検討』図書文化社, 2016年
野﨑雅秀『これからの「歴史教育法」』山川出版社, 2017年
福井憲彦・田尻信壹編著『歴史的思考力を伸ばす世界史授業デザイン』明治図書出版, 2012年
溝上慎一『アクティブラーニング型授業の基本形と生徒の身体性』東信堂, 2018年
溝上慎一編『高等学校におけるアクティブラーニング 理論編』東信堂, 2016年

ジョージ・ジェイコブズ, マイケル・パワー, ロー・ワン・イン, 伏野久美子・木村春美訳, 関田一彦監訳『先生のためのアイディアブック 協同学習の基本原則とテクニック』日本協同教育学会, 2005年
ピーター・H・ジョンストン, 長田友紀・迎勝彦・吉田新一郎編訳『言葉を選ぶ，授業が変わる！』ミネルヴァ書房, 2018年
ダン・ロスステイン, ルース・サンタナ, 吉田新一郎訳『たった一つを変えるだけ クラスも教師も自立する「質問づくり」』新評論, 2015年
フィリップ・ヤノウィン, 京都造形芸術大学アート・コミュニケーション研究センター訳『学力をのばす美術鑑賞 ヴィジュアル・シンキング・ストラテジーズ』淡交社, 2015年

編　者
　　及川　俊浩　おいかわとしひろ（聖ドミニコ学院中学校高等学校）
　　杉山比呂之　すぎやまひろゆき（専修大学附属高等学校）
執筆者
　　小坂　至道　こさかのりみち（京都橘中学校・高等学校）
　　杉山比呂之　すぎやまひろゆき
　　宮﨑　亮太　みやざきりょうた（関西大学中等部・高等部）
　　渡辺　裕一　わたなべゆういち（森村学園中等部・高等部）

五十音順，所属は2019年3月現在

アクティブ・ラーニング実践集　日本史

2019年3月20日　第1版第1刷印刷　　2019年3月30日　第1版第1刷発行

編　者　　及川俊浩　杉山比呂之
発行者　　野澤伸平
発行所　　株式会社　山川出版社
　　　　　〒101-0047　東京都千代田区内神田1-13-13
　　　　　電話　03(3293)8131(営業)　03(3293)8135(編集)
　　　　　https://www.yamakawa.co.jp/　　振替　00120-9-43993
印刷所　　株式会社　太平印刷社
製本所　　株式会社　ブロケード
装　幀　　菊地信義

© Toshihiro Oikawa, Hiroyuki Sugiyama 2019　Printed in Japan
ISBN978-4-634-59117-2

●造本には十分注意しておりますが，万一，落丁・乱丁本などがございましたら，小社営業部宛にお送りください。送料小社負担にてお取り替えいたします。
●定価はカバーに表示してあります。